W0185021

VOYAGE CULINAIRE EN CHINE

VOYAGE CULINAIRE EN CHINE

Texte original de
Alessandra Avallone

Adaptation française de
Rémi Simon

GRÜND

GARANTIE DE L'ÉDITEUR
Pour vous parvenir à son plus juste prix, cet ouvrage a fait l'objet d'un gros tirage. Malgré tous les soins apportés à sa fabrication, il est malheureusement possible qu'il comporte un défaut d'impression ou de façonnage. Dans ce cas, ce livre vous sera échangé sans frais.
Veuillez à cet effet le rapporter au libraire qui vous l'a vendu ou nous écrire à l'adresse ci-dessous en nous précisant la nature du défaut constaté. Dans l'un ou l'autre cas, il sera immédiatement fait droit à votre réclamation.
Librairie Gründ : 60, rue Mazarine 75006 Paris

Adaptation française : Rémi Simon
Texte original et stylisme : Alessandra Avallone
Photographies : Alessandra Avallone
et Giandomenico Frassi
Secrétariat d'édition : Sylvie Patry
Coordination éditoriale : Simona Aguzzoni
Sous la direction de Mariarosa Schiaffino

Première édition française 1994
par Librairie Gründ, Paris
© 1994 Librairie Gründ
pour l'adaptation française
ISBN : 2-7000-5360-5
Dépôt légal : septembre 1994
Édition originale 1993 par Arnoldo Mondadori
Editore S.p.A
sous le titre original *Cina in cuccina*
© 1993 Arnoldo Mondadori Editore S.p.A

Photocomposition C.M.B. 44800 St Herblain
imprimé en Espagne par A.G.T.
D.L.TO:707-1994

SOMMAIRE

LES CLEFS D'OR D'UN MONDE DE SAVEURS

La cuisine chinoise comporte près de cinq mille recettes de base, encore que selon certains, elle en décline sans difficulté quatorze mille. En avoir sélectionné un petit nombre pour cet ouvrage peut donc sembler aventureux : c'est au contraire la meilleure approche de la gastronomie la plus complexe et la plus raffinée du monde.

Ces recettes, en effet, permettront d'en connaître les traits essentiels pour surmonter l'espèce de crainte que suscite souvent une matière vaste et éloignée de notre propre expérience et ne pas se laisser submerger.

Les pages qui suivent présentent donc un choix de recettes rassemblant les grandes caractéristiques de la culture gastronomique chinoise : pratiques et techniques de cuisson mais aussi coutumes et convivialité, très différentes des nôtres. L'agencement d'un repas recherche un équilibre qui s'obtient par des contrastes, non seulement pour chaque plat mais aussi et surtout, dans les successions de mets qui forment le menu : elles doivent constituer une unité autonome qui comprendrait tous les contrastes de saveurs, le doux, le salé, l'acide, l'amer et le piquant, et les contrastes de consistance, molle, croquante, tendre, gluante ou en sauce.

Pour les Chinois, les aliments doivent être modifiés le moins possible ; c'est pourquoi les temps de cuisson sont toujours extrêmement brefs. Ce principe est renforcé par la rareté du combustible. Le choix et la nécessité de méthodes de cuisson rapide impose que la nourriture soit toujours minutieusement coupée et réduite en menus morceaux.

Ainsi, les couteaux sont superflus ; aux fourchettes, on préfère les baguettes. La cuillère est le seul couvert occidental que l'on retrouve dans les usages de la table chinois.

L'art suprême du cuisinier est celui du dosage et des proportions, scrupuleusement respectés. Toutes les techniques de cuisson sont employées, mais deux méthodes doivent retenir notre attention : le sauté des aliments, que l'on passe quelques secondes dans la poêle brûlante avec peu de condiment, et la cuisson à la vapeur, qui, ne portant pas les aliments à très haute température conserve leurs propriétés originelles, aussi bien gustatives que nutritives.

Les soupes, de rigueur à chaque repas, sont bouillies à feu vif mais au contraire des nôtres quelques minutes seulement. On ne les déguste pas non plus au même moment : non pas au début du repas mais tout au long, comme boisson, puis à la fin.

Lorsqu'on parle de cuisine chinoise en général, on se réfère en fait à un ensemble de cuisines fort différentes : un peu comme si l'on parlait de « cuisine européenne » !

Les experts distinguent au moins cinq zones dans l'immense Chine, qui correspondent à autant de styles culinaires. Dans les régions du Nord, la cuisine pékinoise affectionne la viande de porc, les nouilles et les cuissons élaborées. À Changhai et dans l'Est, la cuisine emploie surtout le poisson, le riz et la sauce soja. La cuisine du Sud ou cantonaise est la plus connue dans le reste du monde et la plus riche en ingrédients : elle marie poissons, crustacés, légumes, fruits et riz. La gastronomie du Centre ou Hunan est résolument relevée, avec de nombreux plats à l'aigre-douce, et à base de poisson séché. Enfin, le style de l'Ouest est épicé, privilégiant les saveurs piquantes, les aromates et les champignons.

L'élément de base commun est le soja : plante la plus utilisée dans le monde, son utilisation alimentaire en Chine remonte à près de 3 000 ans avant notre ère. Les graines de cette légumineuse fournissent de précieux produits, de l'huile à la farine en passant par le lait et ses innombrables dérivés, parmi lesquels le fromage de soja ou « tofu », souvent utilisé en cuisine, jusqu'à la sauce soja.

Maintenant, les ingrédients de la cuisine chinoise se trouvent de plus en plus aisément chez nous et facilitent l'accès à une cuisine raffinée et une approche pratique, vécue, que cet ouvrage espère favoriser et encourager.

Lorsqu'on établit le menu d'un repas important, on doit suivre le principe : « beaucoup d'invités, beaucoup de plats ». Les mets sont apportés à table en même temps et sont toujours collectifs. On sert généralement un plat ou deux de plus que le nombre de convives.

Pour composer un repas chinois, il faut donc tenir compte de plusieurs éléments et alterner saveurs et consistances.

C'est ainsi que pour un menu de cinq plats, par exemple, nous en conseillerions un frit, un sauté, un plat de viande ou de poisson sans sauce, un autre de viande ou de poisson avec sauce, pourquoi pas à l'aigre-douce, une garniture de légumes, une de nouilles ou de riz accomodé, et enfin une soupe. Mais pour apprécier un repas chinois il n'est pas absolument nécessaire de manger « à la chinoise » : un plat de poulet, de porc ou de poisson en papillotte, de même que des raviolis à la vapeur s'intègrent parfaitement dans un menu occidental, dont ils offrent une variante intéressante. Accompagnés de légumes ou de riz, ces mets peuvent même constituer un plat unique excellent et original.

Voici donc que s'ouvre le monde fascinant de la cuisine chinoise avec ses plaisirs raffinés et ses secrets. Un souhait : que la cuisine et la convivialité de la table soient une joie authentique et complète, et l'occasion de découvrir des pays, des cultures, des peuples différents et, comme ici, lointains, et de s'en rapprocher pour s'enrichir, être plus ouvert et tolérant.

Trinquez ! L'antique formule de courtoisie et de fête que symbolise le bruit des verres s'entrechoquant naquit en Chine... il y a peut-être 5 000 ans.

Comme le soulignait Curnonsky, le célèbre gastronome français qui découvrit la cuisine chinoise en 1903 : « La Chine et la France sont les deux peuples à avoir créé une cuisine et une politesse. »

VINAIGRE DE VIN DE RIZ

Il en existe deux variétés : sombre, le vinaigre est utilisé dans les préparations à l'aigre-douce, clair, il assaisonne à table les raviolis à la vapeur.

MAÏZENA

Fécule de maïs qui est utilisée pour les fritures et sert à lier les sauces.

TOFU

Pâte ou fromage de soja que l'on achète frais en cubes dans les magasins et traiteurs chinois, en conserve au naturel, ou sous vide dans les magasins d'alimentation naturelle.

FEUILLES DE LOTUS

Grandes feuilles pliées en deux et séchées, elles sont utilisées dans les préparations en papillotte pour leur arôme caractéristique. Les ramollir dans l'eau avant usage.

CHAMPIGNONS PARFUMÉS

Ils ont un chapeau plat et rond et un court pied fibreux que l'on jette. On les achète séchés et leur arôme est irremplaçable.

CREVETTES SÉCHÉES

Les crevettes séchées, à l'arôme puissant et savoureux, sont utilisées comme condiment dans toutes sortes de plats. On les trouve dans les épiceries asiatiques.

POUSSES DE BAMBOU

Elles s'achètent en boîte, entières ou en morceaux, parfois en tranches fines. Elle sont au naturel et doivent être égouttées avant usage.

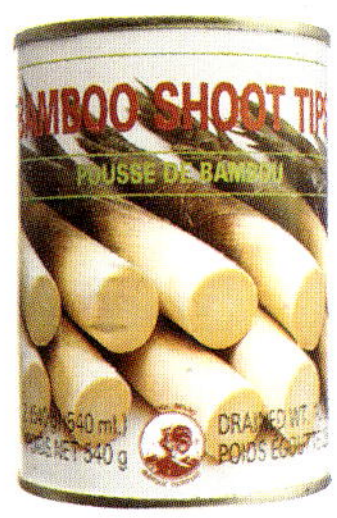

GERMES DE SOJA

D'usage courant même en Occident, elles sont issues de la germination de graines de soja vert (mungo). Il faut toujours préférer les pousses fraîches à celles en boîte.

EAU DE VIE À LA ROSE

Plus exactement liqueur de rose, il s'agit d'un distillat de sorgho typique du Nord de la Chine, aromatisé avec les pétales d'une rose extrêmement parfumée. Employée dans la préparation de sauces, de pâtisseries et comme liqueur en fin de repas.

HUILE PIMENTÉE

On l'achète toute prête en flacon. L'huile est aromatisée par décoction de petits piments très forts, les piments oiseaux. S'utilise pour la cuisson ou pour aromatiser un plat.

HUILE DE SÉSAME

On en ajoute quelques gouttes après cuisson pour son parfum intense. Sombre et dense, elle est extraite de graines de sésame grillées.

PÂTE DE SOJA

C'est une purée dense, rouge sombre, obtenue par fermentation de graines de soja assaisonnées d'aromates et d'épices. Elle s'utilise dans de nombreuses préparations de viande, de poisson et de légumes pour lier et relever le fond de cuisson.

POIVRE DU SICHUAN

Également appelé poivre rose de Chine (ou sauvage), quoique ce ne soit pas véritablement du poivre, c'est une épice piquante que l'on trouve dans les magasins exotiques. On l'achète en graines séchées que l'on broie au moment de s'en servir.

SAUCE SOJA

Ingrédient fondamental de la cuisine chinoise, il en existe deux versions principales : claire, elle est utilisée comme assaisonnement ; noire, plus dense et de saveur douceâtre, elle est employée dans la préparation des plats.

SAUCE HOISIN

Ressemblant à la pâte de soja douce, elle a une saveur aigre-douce et est parfumée avec de l'ail, du piment, du vinaigre et de l'huile de sésame.

GRAINES DE SÉSAME

Minuscules et en forme de goutte, elles ont un goût de noisette et s'utilisent entières, nature ou grillées, dans diverses préparations.

VERMICELLE DE RIZ

Vermicelle blanc opaque très fin fait de farine de riz. S'achète en petits fagots.

VERMICELLE DE SOJA

Aussi fins que ceux de riz, mais d'aspect translucide presque transparent, ces vermicelles prennent à la cuisson une consistance gélatineuse.

TEHINA OU PÂTE DE SÉSAME

Obtenue par broyage de grains de sésame blanc, elle est plutôt épaisse et doit être habituellement diluée avant utilisation. Se trouve dans les épiceries orientales.

VIN DE RIZ

Utilisé comme boisson mais aussi fréquemment en cuisine, on l'obtient par la fermentation du moût de riz.

GINGEMBRE

Omniprésent dans la cuisine chinoise, on l'achète en rhizomes frais à la saveur piquante et aromatique. S'utilise en tranches ou haché. Se conserve longtemps au réfrigérateur.

SUCRE CHINOIS

Sucre non raffiné de couleur jaune vendu sous forme de gros cristaux.

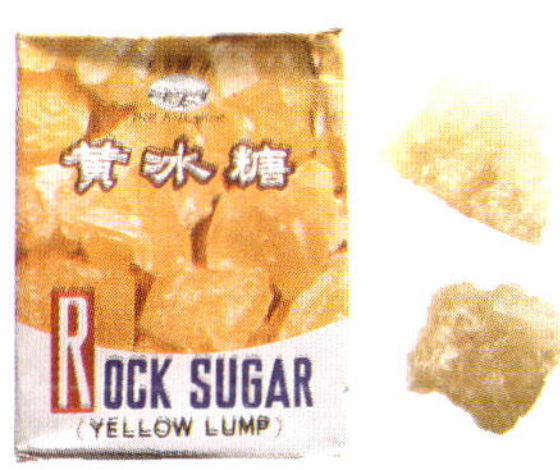

Le matériel

L'une des merveilles de la cuisine chinoise réside dans l'incroyable variété de plats qui peuvent être préparés avec un jeu limité d'instruments et de récipients, parmi lesquels, le wok, en forme de coupole renversée. C'est l'instrument de cuisine le plus universel que l'on ait jamais inventé, permettant tous les types de cuisson, de la friture à la cuisine à la vapeur.

Brosse en fibre de coco pour nettoyer légumes et récipients

Planche à découper en bois.

Récipients en métal émaillé pour préparations et mélanges avant cuisson.

Couteau chinois à lame plate rectangulaire pour couper et hacher.

Poêles de 3 tailles pour sauces et plats bouillis.

Paniers en bambou pour la cuisson à la vapeur.

Pelle et louche en acier.

Wok d'acier
d'utilisation facile
car il ne rouille pas.

Marmite mongole
pour la préparation de la fondue mongole.
Se compose d'un réchaud à alcool, d'un récipient à anneaux pour la cuisson et d'une cheminée centrale.

Cuillères, spatules en bambou
et **écumoire** pour égoutter les fritures.

Wok traditionnel
en fer noirci au feu ou en fonte.

COMMENT PRÉPARER UN WOK DE FER POUR L'UTILISER

Débarrasser du plastique le wok recouvert d'huile qui le protège de la rouille.

Frotter l'intérieur avec de l'huile végétale et chauffer le wok à feu vif pour le faire noircir et brûler l'huile.

Répéter l'opération précédente pour brûler encore la poêle, puis la rincer à l'eau chaude.

Laver le wok au savon et à la brosse de coco, le sécher soigneusement.

Éloigner du feu, rincer à l'eau bouillante et sécher avec du papier absorbant.

Répéter plusieurs fois cette opération de brûlage jusqu'à ce que le papier avec lequel on essuie le métal reste propre.

Entretien : sécher toujours le wok sur le feu après lavage. Après utilisation, il faut toujours le frotter légèrement d'huile végétale.

Galettes aux oignons nouveaux

Voici une recette qui étonnera ceux qui croient que le riz remplace partout et toujours le pain en Chine. En réalité, dans la région de Pékin, on mange souvent et volontiers du pain en accompagnement de divers mets ou comme en-cas. Il en existe divers types : cuits à la vapeur ou à la poêle, sur une plaque chauffante ou à la braise, en plein air. Ce pain peut être servi nature ou farci de viande ou de légumes et aromatisé, comme cette galette aux oignons nouveaux.

Gros sel : on l'incorpore tel quel à la pâte. Les galettes ressemblent à du pain azyme et ce n'est que lorsqu'on croque un grain de sel que le palais en ressent la saveur. Le sel de mer brut, plus aromatique, est préférable au sel raffiné.

INGRÉDIENTS

Pour 6 personnes
3 à 6 oignons nouveaux selon la taille
350 g de farine
3 dl d'eau bouillante
60 g de lard non fumé
5 c. à soupe d'eau froide
1 c. à soupe pleine de gros sel de mer

MATÉRIEL

• couteau chinois à lame large • casserole • tamis • terrine • baguettes de bambou • plan de travail en bois ou en marbre • planche à découper • rouleau à pâtisserie • poêle anti-adhésive • cuillère de bois ou de métal

La barde de lard donne au pain sa saveur caractéristique. On peut éventuellement la remplacer par de l'huile d'arachide ou de l'huile d'olive extra-vierge : dans ce cas, les galettes auront un goût plus méditerranéen.

À défaut : si l'on a des difficultés à trouver du lard gras, ou si l'on veut accélérer la préparation des galettes, le remplacer par du **saindoux** de première qualité.

QUANTITÉS

Nombre de personnes	**4**	**8**	**10**	**12**
Oignons nouveaux	2	4	5	6
Farine	230 g	480 g	600 g	700 g
Eau bouillante	2 dl	4 dl	5 dl	6 dl
Barde de lard	50 g	80 g	100 g	120 g
Eau froide	4 c. à soupe	7 c. à soupe	8 c. à soupe	9 c. à soupe
Gros sel de mer	1/2 c. à soupe	1 c. à soupe	1 1/2 c. à soupe	2 c. à soupe

PRÉPARATION

Couper la barde en tranches fines : après avoir chauffé la lame du couteau à la vapeur d'une casserole d'eau bouillante, hacher finement. Laver les oignons nouveaux, jeter les feuilles vertes trop coriaces, hacher grossièrement.

Tamiser la farine dans une grande terrine, faire un puits et y verser l'eau bouillante avec 20 g de barde hachée. Mélanger avec les baguettes en incorporant peu à peu la farine de façon à obtenir une pâte légère.

Ajouter l'eau froide à la pâte et la travailler encore quelques minutes. Elle sera assez collante au début : la pétrir dans la terrine avec les baguettes ou sur le plan de travail avec les mains jusqu'à ce qu'elle se détache facilement des doigts.

Couvrir la pâte d'un torchon et laisser reposer 30 minutes ; former ensuite un cylindre de pâte et le diviser en 10 portions égales.

Étaler chaque boule avec le rouleau légèrement fariné pour former des disques minces et les saupoudrer d'une c. à soupe d'oignon finement haché et d'une pincée de gros sel.

Donner à chacune la forme d'une boule et l'aplatir avec la paume de la main.

Rouler chaque galette sur elle même en enfermant à l'intérieur l'oignon. Enrouler alors ce cylindre sur lui-même en forme d'escargot.
Étaler de nouveau ces escargots de pâte : le sel et l'oignon seront ainsi répartis également dans la pâte.

Chauffer une c. à soupe de la barde restante dans une poêle anti-adhésive, et y faire cuire une à la fois les galettes pendant 2-3 minutes de chaque côté : elles doivent prendre une belle couleur dorée.
Ajouter dans la poêle un peu de barde à chaque nouvelle galette.

Nota bene : pour une meilleure organisation du travail, placer les galettes avant cuisson sur un torchon pour qu'elles n'attachent pas au plan de travail, ou les empiler après les avoir légèrement farinées de Maïzena.

PRÉSENTATION

En Chine, ces galettes sont consommées seules et peuvent être servies comme en-cas ou comme goûter. Au cours d'un repas, elles accompagnent parfaitement tous les plats salés — ici du porc aux poivrons — et remplacent le riz, qui reste au menu cependant. Un repas chinois complet comporte en effet toujours du riz, nature ou cuisiné.

LA BIÈRE

Selon la tradition chinoise, et contrairement à ce que l'on croit généralement, le thé ne se boit pas pendant le repas mais à la fin. Pour accompagner les plats, les Chinois consomment des boissons modérément alcoolisées.

L'une des bières les plus répandues en Chine est d'une qualité particulière, obtenue par la fermentation du riz ou d'autres céréales, à laquelle on ajoute du houblon et des arômes. Cette bière est faiblement alcoolisée, possède une saveur caractéristique et délicate et peut parfaitement remplacer le vin de riz sauf pour les repas de cérémonie.

Elle est aussi servie dans les maisons de thé et se boit en même temps que les fréquents et savoureux en-cas si prisés des Chinois, à base de raviolis à la vapeur, de rouleaux de printemps, de petits pains farcis et de galettes.

ROULEAUX DE PRINTEMPS

Cette préparation typique de la cuisine cantonaise se consomme non seulement au petit déjeuner mais à tout moment de la journée. Avec d'autres en-cas de pâte frite diversement farcie, elle constitue les dim-sum, littéralement « mets-toi quelque chose sur le cœur » ou « casse-jeûne ». Des marchands ambulants les préparent même dans la rue.

Oignons nouveaux : de 3 à 6 selon leur taille.

Pousses de bambou : vendues en boîte au naturel, elles s'achètent dans les boutiques de produits exotiques. Elles sont tout indiquées pour les plats de légumes variés. Toujours les rincer à l'eau chaude avant cuisson.

Germes de soja : on peut aussi bien utiliser les germes frais, blanchis à l'eau bouillante, que ceux en boîte, qui n'altèrent en rien le goût de l'ensemble.

On trouve les germes de soja dans les supermarchés.

MATÉRIEL

• Plan de travail en bois ou planche à découper • terrine large • tamis • cuillère en bois • baguettes • rouleau à pâtisserie • couteau chinois à large lame • wok • écumoire en fil métallique, généralement de laiton ou de fer.

INGRÉDIENTS

Pour 6 personnes
Pour la pâte :
1 œuf
230 g de farine ordinaire
1 pincée de sel
1,2 dl d'eau
Maïzena pour la pâte
Pour la farce :
350 g de porc maigre
2 tranches de gingembre frais
80 g de pousses de bambou égouttées
8 champignons chinois séchés
3 oignons nouveaux
3 cuillères d'huile
1 c. à café de sel
2 c. à soupe de sauce soja
120 g de pousses de soja
1 c. à soupe de Maïzena délayée dans 2 c. à soupe d'eau
1 œuf battu
Huile d'arachide pour la friture

Champignons chinois : connus également sous le nom de champignons parfumés, en raison de l'odeur forte qu'ils répandent une fois secs, ce sont les champignons orientaux les plus appréciés. Vendus dans les boutiques de produits asiatiques, ils sont assez coûteux mais absolument irremplaçables.

À défaut : la pâte des rouleaux est assez longue à préparer. On peut la remplacer par de la **pâte surgelée** déjà découpée en carrés que l'on trouve dans les boutiques de produits exotiques.

QUANTITÉS

Nombre de personnes	4	8	10	12
Pâte	1/2 dose	1 dose	1 1/2 dose	2 doses
Porc	250 g	400 g	450g	700 g
Gingembre	1 tranche	2 tranches	3 tranches	4 tranches
Bambou	50 g	100 g	150 g	180 g
Champignons	5	10	12	16
Oignons nouveaux	2	4	4-5	6
Huile	2 c. à soupe	4 c. à soupe	5 c. à soupe	6 c. à soupe
Sauce soja	1 c. à soupe	2 c. à soupe	3 c. à soupe	4 c. à soupe
Pousses de soja	80 g	150 g	180 g	240 g
Maïzena	1/2 c. à soupe	1 c. à soupe	1 1/2 c. à soupe	4 c. à soupe
à diluer dans l'eau :	1 c. à soupe	2 c. à soupe	3 c. à soupe	4 c. à soupe

Préparer d'abord la pâte.
Tamiser le sel et la farine dans une grande terrine
Faire une fontaine au centre, y casser un œuf, le fouetter légèrement avec les baguettes, ajouter l'eau et mélanger.
Incorporer avec les baguettes ou une cuillère de bois la farine aux ingrédients liquides, peu à peu.

Quand on a obtenu une pâte lisse, la renverser sur le plan de travail préalablement fariné de Maïzena. Travailler énergiquement avec les mains, d'abord en soulevant la pâte et en la laissant retomber sur la planche puis en la travaillant avec la paume de la main 10 minutes jusqu'à ce qu'elle soit lisse et ne colle plus. Fariner régulièrement le plan de travail et vos mains.
Couvrir la pâte d'un linge humide, laisser reposer 30 minutes.

Former avec la pâte un rouleau d'environ 30 cm de long, le tailler en tranches de 2 doigts d'épaisseur.

Fariner de Maïzena les rondelles, les aplatir à la main et les étaler au rouleau en galettes très minces.
Fariner de Maïzena les galettes, les empiler et y tailler des carrés de 15 cm de côté. Couvrir d'un linge humide pendant la préparation de la farce.

Préparer ensuite la **farce.**

Couper le porc en tranches minces puis en lanières.

Tailler en tranches puis en allumettes le gingembre et les pousses de bambou. Laisser tremper 25 minutes les champignons secs dans de l'eau chaude.

Égoutter les champignons, les presser, couper les pieds et tailler les chapeaux en minces rubans. Couper les oignons dans le sens de la longueur puis en morceaux d'1 cm.

Rassembler près du fourneau tous les ingrédients déjà préparés, ainsi que la Maïzena délayée dans l'eau et la sauce soja. Chauffer 3 c. à soupe d'huile dans le wok.

Jeter dans l'huile le gingembre, les champignons, la viande et le sel. Faire sauter un peu plus d'1 minute à feu vif, en mélangeant.

Ajouter les oignons, le bambou, les germes de soja, la sauce soja et laisser cuire 1 minute.

Verser la Maïzena délayée dans la poêle, mélanger quelques secondes. Écarter le wok du feu, verser la préparation dans un plat et laisser refroidir.

Poser une feuille de pâte sur le plan de travail et disposer 2 c. à soupe environ de farce sur le centre de la feuille. Les baguettes sont plus commodes que la cuillère. Replier 2 fois l'angle inférieur sur la farce.

Replier les angles latéraux vers le centre pour retenir la farce.

Replier enfin l'angle supérieur après l'avoir badigeonné d'œuf battu pour le coller. Préparer de même les autres rouleaux.

Chauffer l'huile de friture dans le wok. Quand elle est chaude, y plonger 3 à 4 rouleaux à la fois, pas plus pour ne pas trop abaisser la température de l'huile.

Au bout de 5 minutes environ, les rouleaux seront dorés et prêts à être placés sur une feuille de papier absorbant. Ils resteront croquants dans un four chaud 30 minutes.

CONSERVATION

Les feuilles de rouleaux de printemps peuvent se préparer à l'avance. Elles se conservent une journée au réfrigérateur, couvertes d'un linge humide. Ne pas oublier de les saupoudrer de Maïzena en les empilant, pour ne pas les retrouver collées le lendemain.
Pour les surgeler, mieux vaut les séparer par des feuilles de papier de cuisine ou de papier huilé. Envelopper ensuite la pile de feuille d'aluminium et les ranger à plat dans le congélateur.
Elles se gardent ainsi un mois. Les décongeler quelques heures dans le réfrigérateur avant utilisation.

PRÉSENTATION

Les rouleaux de printemps se servent décorés de persil ou de coriandre frais, d'une feuille de salade ou de chou chinois. On les accompagne de riz avec de la sauce soja — omniprésente sur les tables chinoises — et d'une sauce piquante à base de soja et de piment, dans un petit bol où chaque convive trempera ses rouleaux. Cette sauce s'achète dans les boutiques de produits exotiques.

QUELQUES VARIANTES

ROULEAUX VÉGÉTARIENS

Pour 4 personnes

Faire chauffer dans le wok 3 c. à soupe d'huile d'arachide et 1/2 c. à soupe de gingembre frais haché. Ajouter 2 carottes coupées en allumettes, 4 feuilles vertes de bette et 8 de chou chinois émincées en chiffonnade. Au bout d'une minute, ajouter les oignons, le bambou, les germes de soja, la sauce soja en suivant les doses et les instructions de la recette de base.

ROULEAUX AUX CREVETTES

Pour 4 personnes

Faire chauffer dans le wok 3 c. à soupe d'huile d'arachide et 1/2 c. à soupe de gingembre frais haché. Ajouter 200 g de crevettes crues décortiquées et le sel. Au bout d'une minute, ajouter 250 g de germes de soja, l'oignon avec le vert tendre, les pousses de bambou et la sauce soja, en suivant les doses et instructions de la recette de base.

ROULEAUX AU POULET

Pour 4 personnes

Chauffer dans le wok 3 c. à soupe d'huile d'arachide et 1/2 c. à soupe de gingembre frais haché. Ajouter une escalope de poulet coupée en lanières, les champignons et le sel. Au bout d'1 minute, ajouter 2 oignons roses émincés, les pousses de bambou et la sauce soja, en suivant les doses et les instructions de la recette de base.

WON-TON

Les won-ton, appelés hun-tun en dehors de la région de Canton, est un des plats de la cuisine chinoise les plus connus à l'étranger. Il en existe de nombreuses versions : frits ou en soupe, farcis de viande et de crevettes ou seulement de crevettes. Très faciles à préparer, ils font grand effet, même pour un dîner raffiné.

Poivre du Sichuan (ou poivre rose) du nom de la province où il est principalement produit : cette épice, qui n'appartient pas à la même famille botanique que le poivre, possède une saveur piquante très aromatique, associant le goût du poivre au parfum acidulé d'une écorce d'agrume. Sauf indication spéciale, on utilisera de préférence le poivre du Sichuan pour la cuisine chinoise. On l'achète en grains secs que l'on peut moudre ou broyer au mortier.

MATÉRIEL

• Casserole • gaze • passoire • planche à découper • couteau chinois à large lame • rouleau à pâtisserie • écuelle • pinceau de cuisine • louche.

La pâte : si on en a préparé en trop, on peut la surgeler. Il convient alors d'enduire chaque feuille de Maïzena avant de les empiler et de placer le tout au congélateur enveloppé d'aluminium. On peut aussi les acheter déjà prêtes, découpées et surgelées, dans les magasins exotiques. Une fois décongelées, séparer délicatement chaque feuille.

QUANTITÉS

Cresson : il s'agit de la salade bien connue à la saveur aromatique et poivrée, que l'on trouve partout.

Personnes	8/10	12
Pâte à rouleaux de printemps	2 doses	3 doses
Porc maigre haché	200 g	300 g
Crevettes crues décortiquées	200 g	300 g
Oignons blancs	2	3
Gingembre frais	4 tranches	6 tranches
Vin de riz	2 c. à soupe	3 c. à soupe
Eau	3,5 litres	5 litres
Céleri	4 branches	6 branches
6 branches		
Poireau	2	3
Gingembre frais pour le bouillon	8 tranches	12 tranches
Ailes de poulet	1 kg	1,5 kg
Cresson	2 bottes	3 bottes

À défaut : la pâte à won-ton peut aussi se préparer sans œufs. Mélanger 200 g de farine à 1 dl d'eau dans laquelle on aura délayé une pincée de safran, ou de curcuma en poudre pour la couleur. Quand la pâte est lisse et homogène, l'envelopper d'un linge humide et la laisser reposer 30 minutes. L'étaler au rouleau et en découper 20 à 25 carrés d'environ 10 cm de côté.

LES INGRÉDIENTS

Pour 4 à 6 personnes
Pour la pâte :
pour les doses et les ingrédients, suivre les indications de la recette des rouleaux de printemps.
Pour la farce :
100 g de porc maigre haché
100 g de crevettes roses crues décortiquées
1 oignon nouveau
2 tranches de gingembre
1 c. à soupe de vin de riz
poivre du Sichuan et sel
Pour le bouillon :
2 litres d'eau
1 poireau
2 branches de céleri
4 tranches de gingembre frais
sel
1 carcasse de poulet ou 500 g d'ailes de poulet
1 botte de cresson

Commencer par préparer le **bouillon.**
Verser 2 litres d'eau chaude dans une casserole. Ajouter le céleri et le poireau coupés en morceaux, 1 c. à café de sel et les tranches de gingembre. Porter à ébullition, ajouter les ailes de poulet et faire cuire 1 h 30.
Plier en deux un linge de coton propre ou une gaze, le placer sur une passoire au-dessus d'un récipient après l'avoir mouillé et essoré. Filtrer le bouillon pour qu'il soit limpide et le réserver.

Procéder maintenant à la préparation de la **farce.**
Mélanger la chair hachée avec l'oignon blanc, le gingembre et les crevettes hachées, ajouter 2 pincées de sel, le poivre rose moulu et le vin de riz.

Préparer la **pâte** comme indiqué dans la recette des rouleaux de printemps.
En former un long cylindre, le couper en morceaux d'1 cm et les rouler dans les mains pour en faire des boulettes.
Étaler chaque boulette sur le plan de travail fariné, saupoudrer les feuilles de Maïzena et les empiler.
Couper les bords des feuilles avec le couteau à large lame pour obtenir des carrés de pâte de 10 à 12 cm de côté, selon que l'on préfère des raviolis plus ou moins remplis.

Disposer une boulette de farce dans le coin d'une feuille, replier ce coin sur la farce après avoir légèrement mouillé la pâte à l'aide du pinceau trempé dans l'eau.

Replier les deux angles de côté vers l'intérieur sur la farce et les faire adhérer avec le pinceau mouillé. Préparer de la même façon les 20 ou 25 autres won-ton.

Une autre façon de fermer les won-ton consiste à placer la farce au centre, mouiller les bords de la pâte, plier la feuille en triangle, rabattre et faire adhérer les bords.

Un troisième moyen, pour les won-ton frits, consiste à tenir la feuille ouverte sur la main gauche, la mouiller légèrement d'eau, placer au centre un peu de farce et refermer autour en forme de baluchon. Les won-ton de cette forme peu géométrique s'ouvrent dans l'huile bouillante comme des papillons.

Cuire les won-ton 2 minutes à l'eau bouillante salée, les égoutter et les disposer dans les bols.

Y ajouter les feuilles de cresson lavé et débarrassé des queues, ainsi que quelques grains de poivre grossièrement écrasés. Verser le bouillon chaud.

PRÉSENTATION

La soupe aux won-ton se sert en Chine à n'importe quelle heure du jour. Au cours d'un repas, elle peut constituer une excellente entrée à servir aussitôt après les hors-d'œuvre, qui pourront être des rouleaux de printemps ou — pourquoi pas ? — des won-ton frits à l'huile bouillante. Dans ce cas, compter deux won-ton pour chaque bol de soupe.

QUELQUES VARIANTES

WON-TON FRITS EN SAUCE AIGRE-DOUCE

Pour 4 personnes

Préparer les raviolis comme dans la recette de base, les immerger crus dans l'huile bouillante et les cuire 5 minutes jusqu'à ce qu'ils soient bien dorés. Les égoutter sur du papier absorbant et les servir avec une sauce aigre-douce que l'on prépare en mélangeant dans une casserole 2 c. à soupe de sucre avec 3 de vinaigre de riz, 3 de concentré de tomate, 3 de jus d'orange, 1 1/2 de sauce soja claire, 1 de Maïzena diluée dans 5 c. à soupe d'eau. Mettre la sauce à chauffer dans le wok ou dans une casserole, faire frémir quelques minutes jusqu'à ce que le mélange devienne translucide et commence à prendre. Servir chaud dans un bol en accompagnement des won-ton.

WON-TON À LA CASSEROLE

Pour 4 personnes

Préparer les raviolis comme dans la recette de base mais avec la farce de crevettes décrite plus haut. Faire chauffer 3 c. à soupe d'huile dans une casserole de terre cuite : faire sauter 2 champignons parfumés ramollis dans l'eau tiède et coupés en lanières et 1 poireau coupé en rondelles. Au bout d'1 minute, ajouter un 1/2 verre d'eau, les won-ton, bien couvrir et laisser cuire 10 minutes à feu doux. Servir chaud avec la sauce soja à part.

FARCE AUX CREVETTES

Pour 4 personnes

Hacher finement 200 g de crevettes crues décortiquées avec 100 g de poitrine séchée, 1 c. à soupe de pousses de bambou, 1 c. à soupe d'oignons nouveaux et 1 c. à soupe de châtaignes d'eau hachées. Lier la farce avec 1 c. à soupe de maïzena, saler et utiliser l'ensemble pour préparer les raviolis qui seront cuits dans le bouillon ou à la casserole.
Pour la préparation de la pâte à raviolis, suivre les indications de la recette de base.

大清乾隆年製

Raviolis à la vapeur

Les raviolis à la vapeur sont des dim-sum : on les achète dans la rue à des marchands ambulants ou bien on les mange dans des maisons de thé où les clients, habituellement en milieu de matinée ou l'après-midi, aiment venir se restaurer d'un petit en-cas accompagné d'une tasse de thé chaud. Les raviolis les plus connus sont à base de pâte de riz, typique de la cuisine cantonaise, mais il en existe de nombreuses variantes locales comme celle du Nord de la Chine que nous proposons ici. Ce sont les Chinois qui ont inventé la cuisine à la vapeur, grâce à laquelle les aliments conservent toute leur saveur et leur valeur nutritive.

INGRÉDIENTS

Pour 8 personnes
Pour la pâte :
350 g de farine
6 dl d'eau bouillante
5 c. à soupe d'eau froide
Pour la farce :
2 tranches de gingembre frais
2 oignons nouveaux
250 g d'échine de porc
120 g de crevettes cuites et décortiquées
200 g de chou chinois
1 c. à soupe de sauce soja claire
1 c. à soupe de sucre
poivre
sel
Pour la sauce :
3 tranches de gingembre frais
5 c. à soupe de vinaigre de riz clair
2 c. à soupe de sauce soja claire

QUANTITÉS

Personnes	4	10	12
Farine	180 g	500 g	500 g
Eau chaude	3 dl	8 dl	8 dl
Eau froide	2 1/2 c. à soupe	10 c. à soupe	10 c. à soupe
Pour la farce :			
Gigembre frais	1 tranche	3 tranches	4 tranches
Oignons blancs	1	3	4
Echine de porc	120 g	380 g	500 g
Crevettes cuites et décortiquées	60 g	180 g	240 g
Chou chinois	100 g	300 g	400 g
Sauce soja claire	1/2 c. à soupe	1 1/2 c. à soupe	2 c. à soupe
Sucre	1/2 c. à café	1 1/2 c. à café	2 c. à café
Pour la sauce :			
Gingembre frais	2 tranches	4 tranches	6 tranches
Vinaigre de riz clair	3 c. à soupe	8 c. à soupe	10 c. à soupe
Sauce soja claire	1 c. à soupe	3 c. à soupe	4 c. à soupe

Le chou chinois : également appelé chou de Pékin ou chou-céleri en raison de sa forme allongée et de ses feuilles blanc-jaune, on le trouve dans les épiceries orientales ou dans les magasins de légumes spécialisés.

À défaut : on peut remplacer les crevettes par 200 g de veau, ne prendre alors que 150 g de porc. Incorporer à la farce 1 poireau émincé.

MATÉRIEL

• Tamis • bol • cuillère en bois • hachoir à viande ou mixer • couteau chinois à lame large • planche à découper • plan de travail en marbre ou en bois • rouleau • baguettes de bambou • casserole • paniers en bambou.

Préparer d'abord la **pâte** : tamiser la farine dans un large récipient, verser l'eau bouillante. Mélanger et laisser reposer 5 minutes.

Ajouter l'eau froide et mélanger les ingrédients sur le plan de travail quelques minutes, jusqu'à obtenir une pâte lisse, ferme mais non dure. La couvrir d'un linge humide et laisser reposer 30 minutes.

Rouler les morceaux en boulettes avec les mains farinées. Les aplatir avec la main et les étaler au rouleau (plus facile avec un petit rouleau) en disques minces de 7 cm environ de diamètre.

Tandis que la pâte repose, préparer la **farce.**
Broyer la viande de porc après l'avoir dégraissée et coupée en dés. La placer dans une terrine, ajouter les oignons, le gingembre finement haché, le chou chinois émincé, les crevettes hachées, 1 pincée de poivre, 1 petite c. à café de sel, le sucre, la sauce soja et 1 c. à soupe d'eau. Mélanger le tout et laisser reposer au frais.
Diviser la pâte en 2 ou 3 portions : avec chacune d'elles former des boudins longs et étroits puis couper en morceaux de 2,5 cm.

Prendre ensuite dans la main gauche un disque de pâte et placer au centre une noix de farce. Avec la main droite, replier la partie droite, puis en, s'aidant de la main gauche pratiquer de petits plis sur la partie de gauche en la faisant en même temps adhérer à la partie droite.

Pincer avec les doigts le bord du ravioli pour bien le fermer.

Placer les raviolis dans les paniers en bambou. Les poser sur un wok ou une marmite contenant de l'eau bouillante. Faire cuire 10 minutes. Les raviolis sont prêts quand la pâte devient transparente.

Les servir immédiatement avec du vinaigre, auquel on aura ajouté du gingembre, coupé en allumettes puis haché grossièrement, et de la sauce soja.

PRÉSENTATION

Servir à chaque convive un petit panier de 5 ou 6 raviolis et un bol de vinaigre aromatisé. Si l'on veut offrir un mélange, compter 2 ou 3 de chaque sorte. Chacun prendra un ravioli avec ses baguettes, ou sa fourchette, et le plongera dans le vinaigre avant de le manger. On peut également placer sur la table un flacon de vinaigre clair de vin ou encore, selon la coutume du Sichuan, un bol d'huile piquante préparée en mélangeant 2 c. à soupe d'huile pimentée, 1 de soja, 1 d'ail et 1 d'oignons nouveaux hachés.

QUELQUES VARIANTES

RAVIOLIS FARCIS DE LÉGUMES ET DE VERMICELLE DE SOJA

Pour 4 personnes

Préparer la pâte comme dans la recette de base en remplaçant la farine de blé par de la farine de riz, pauvre en gluten. Mettre à tremper dans l'eau chaude 50 g de vermicelle de soja et 4 champignons chinois, égoutter. Hacher les vermicelles, les champignons équeutés, 50 g de carotte crue, 50 g de pousses de bambou, 50 g de chou. Lier l'ensemble avec 1 c. à soupe de Maïzena. Étaler la pâte, y tailler des cercles avec un verre ou un emporte pièce, et préparer les raviolis comme dans la recette de base. Cuire 10 minutes à la vapeur et servir accompagné de sauce soja, de vinaigre aromatisé ou de simple vinaigre blanc.

SHAO MAI AUX CREVETTES

Pour 4 personnes

Préparer la moitié seulement de la pâte de la recette de base, l'étaler en feuille mince et y tailler des carrés de 6 à 7 cm de côté. Couvrir d'un linge humide. Dans un bol, mélanger 8 feuilles de laitue blanchie à l'eau bouillante, égouttée et hachée, 250 g de crevettes crues hachées fin, 1 1/2 c. à soupe de vin de riz, 3 c. à café d'huile de sésame, deux pincées de sel, 1 de poivre et 1 c. à soupe de Maïzena. Former des boulettes de farce grosses comme une noix. En mettre une par feuille de pâte que l'on fait adhérer à la farce de façon à ce que le dessus reste ouvert. Cuire 10 minutes à la vapeur et servir avec du vinaigre aromatisé, de la sauce soja ou même nature.

RAVIOLIS SAUTÉS

Pour 4 personnes

Préparer les raviolis comme indiqué dans la recette de base. Verser 3 c. à soupe d'huile dans le wok et mettre sur le feu. Jeter dans l'huile les raviolis crus serrés l'un contre l'autre et laisser rissoler à feu vif pendant 2 minutes. Ajouter 3 dl d'eau chaude en la faisant glisser le long des bords de la poêle, couvrir et laisser cuire jusqu'à évaporation de l'eau. Ajouter une autre c. à soupe d'huile et laisser frire de nouveau 1 minute. Éloigner du feu, poser un plat sur les raviolis et retourner le wok. Les raviolis présenteront ainsi leur enveloppe croustillante et dorée. Servir avec le vinaigre aromatisé comme dans la recette de base.

Riz Yan Tchéou

Plus connu sous le nom de riz cantonais, c'est sans doute le met le plus connu de la cuisine chinoise et le seul digne en Chine d'un repas de fête. Outre les ingrédients déjà nombreux indiqués dans la recette, on peut en ajouter d'autres comme des champignons sauvages, des graines de lotus, du piment, des haricots verts, des écrevisses... Le riz cantonais est finalement une variante du riz sauté : il faut donc préparer d'abord un riz sauté, qui sert de base à cette recette.

Sauce soja claire : elle est préparée avec des graines de soja, de l'eau et du sel. Son goût est fortement salé. Vendue couramment dans les supermarchés.

Petits pois frais : on peut les remplacer par des surgelés. Les cuire au préalable 2 minutes à l'eau bouillante salée.

INGRÉDIENTS

Pour 4 personnes
Pour le riz sauté de base :
1 1/2 tasse de riz long
— de préférence riz thaï —
2 tasses d'eau
— environ 4 dl —
2 oignons
1 à 2 oignons nouveaux
2 tranches de poitrine de porc
3 œufs
3 c. à soupe de petits pois écossés
2 c. à soupe d'huile d'arachide
1 c. à café de sel
Pour le riz Yan Tchéou :
1 dose de riz sauté
2 de grains de maïs en boîte
1 petit poivron rouge
60 g de germes de soja
80 g de gambas
80 g de crevettes
4 champignons de Paris
1 courgette moyenne
3 c. à soupe d'huile d'arachide
1 1/2 c. à soupe de sauce soja claire

QUANTITÉS

Crevettes : on peut employer dans cette recette des crevettes crues surgelées et décortiquées. Mais si possible, on préfèrera des petites **crevettes grises** (comme sur la photo), longues à éplucher, mais délicieuses.

Personnes	**6**	**8**	**10**
Pour le riz sauté :			
Riz	2 tasses	3 tasses	4 tasses
Eau	5 dl	7,5 dl	1 l
Oignons	3	4	5
Oignons nouveaux	2-3	3-4	4-5
Poitrine	3 tranches	4 tranches	5 tranches
Oeufs	4	5	7
Petits pois	4 c. à soupe	6 c. à soupe	7 c. à soupe
Huile d'arachide	3 c. à soupe	4 c. à soupe	5 c. à soupe
Sel	1/2 c. à soupe	1 c. à soupe	1 1/2 c. à soupe
Pour le riz Yan Tchéou :			
Riz sauté	1 dose	2 doses	2 1/2 doses
Poivron rouge	1 gros	2 petits	2 gros
Maïs en grains	3 c. à soupe	4 c. à soupe	5 c. à soupe
Germes de soja	90 g	120 g	150 g
Gambas	100 g	150 g	200 g
Crevettes	100 g	150 g	200 g
Champignons de Paris	6	8	10
Courgettes	1 grande	2 moyennes	2 grandes
Huile d'arachide	5 c. à soupe	6 c. à soupe	7 c. à soupe
Sauce soja claire	2 1/2 c. à soupe	3 c. à soupe	4 c. à soupe

MATÉRIEL

• Passoire ou récipient en osier • casserole • terrine • planche à découper • cuillère en bois ou en bambou • baguettes de bambou • wok

À défaut : deux riz orientaux connus et courant en Occident peuvent être employés : le riz **basmati,** un riz parfumé à grain mince et allongé, provenant en général d'Inde ou de Thaïlande, et le **patna** d'origine indienne. Tous deux se trouvent dans certains supermarchés, dans les épiceries fines et les magasins d'alimentation naturelle.

Commencer par préparer le **riz blanc.** Mettre le riz dans une passoire ou un récipient en osier — comme celui, chinois, reproduit ci-dessus — et rincer abondamment à l'eau courante en l'agitant avec la main de façon à ce qu'il perde tout son amidon et devienne clair.

Éteindre le feu et laisser reposer le riz couvert encore 10 minutes de façon à ce qu'il puisse terminer sa cuisson et sécher dans sa propre vapeur. Détacher les grains avec les baguettes. Il peut être servi tel quel en garniture d'un plat au jus ou en sauce, ou être préparé comme suit.

Éplucher et hacher finement les oignons, couper la poitrine en lanières, couper les oignons nouveaux à mi-longueur, puis en fins morceaux. Battre les œufs dans un bol avec le sel.

Mettre le riz dans une casserole, ajouter 2 tasses d'eau, couvrir et porter à ébullition. Baisser le feu au minimum et laisser bouillir 10 minutes sans découvrir.

Chauffer 2 c. à soupe d'huile dans le wok, faire revenir 1 minute la poitrine et les oignons (pas les nouveaux), ajouter les petits pois et faire cuire encore 1 minute.

Ajouter le riz, mélanger aux autres ingrédients avec la spatule. Après 1 minute environ, retirer du wok et réserver.

Mettre 2 c. à soupe d'huile dans le wok, y faire sauter 30 secondes les oignons nouveaux. Verser dessus l'œuf battu et l'étaler sur les bords de la poêle en remuant d'un mouvement circulaire. Après 1 minute, quand l'œuf est presque ferme, le briser avec la spatule comme pour préparer des œufs brouillés.

Ajouter le riz à l'œuf. Réchauffer tous les ingrédients en même temps 1minute à feu doux en remuant continuellement avec la spatule.

Ajouter le riz sauté de base au condiment ainsi préparé et réchauffer le tout 1 minute en mélangeant soigneusement.

Servir le riz directement avec tous plats à base de viande, de poisson ou de légumes, ou l'utiliser dans la prépartion du riz **cantonais,** comme indiqué ci-dessous.

Couper le poivron et la courgette en dés d'1/2 cm de côté. Éplucher avec soin les champignons, les laver, sécher, couper en deux, puis en tranches minces.

Rincer les germes de soja à l'eau tiède et les réserver. Décortiquer les gambas et couper chaque queue en 3 ou 4 morceaux. Passer les crevettes 1 minute dans l'eau bouillante salée, puis les égoutter et les décortiquer.

Chauffer 2 c. à soupe d'huile d'arachide dans le wok, faire sauter les poivrons, les courgettes, les pousses de soja, les gambas coupées et les crevettes 1 à 2 minutes. Ajouter la sauce soja claire et faire cuire encore 1 minute en remuant avec la spatule.

PRÉSENTATION

En Chine, le riz est servi en accompagnement de tous les plats ; dans de nombreuses régions, surtout du Sud, il remplace le pain. Il est toujours apporté à table dans un plat chauffé : chaque convive dispose d'un bol qu'il remplit de riz et du plat choisi. Le riz, blanc ou sauté, est une garniture idéale pour les plats en sauce, le riz Yan Tchéou convient mieux aux repas qui comptent de nombreux plats.

QUELQUES VARIANTES

RIZ FAÇON SHANGHAI

Pour 4 personnes

Faire cuire deux tasses de riz avec deux tasses d'eau dans une poêle couverte. Éteindre après 6 minutes de cuisson et laisser reposer 7 minutes. Pendant ce temps, couper 450 g de chou vert en carrés de 5 cm de côté. Faire ramollir dans l'eau tiède 1/2 c. à soupe de crevettes séchées, les décortiquer et les hacher grossièrement. Couper en tranches minces 200 g de saucisses chinoises. Faire sauter dans le wok avec 2 c. à soupe d'huile d'arachide les crevettes et le chou, ajouter la saucisse au bout de 2 minutes, puis le riz. Mouiller avec une 1/2 tasse d'eau, couvrir et laisser cuire à feu doux 15 minutes. Plat complet, il peut être servi en accompagnement d'un plat de viande, si l'on supprime les saucisses.

RIZ AUX CINQ COULEURS

Pour 4 personnes

Couper en dés 50 g d'échine de porc, 50 g de jambon, 50 g de queues de crevettes décortiquées. Faire ramollir dans l'eau tiède 3 champignons parfumés, les nettoyer et les couper en tranches. Hacher finement un oignon et écosser 50 g de petits pois. Faire chauffer 3 c. à soupe d'huile dans le wok, frire l'oignon 1 minute, ajouter la viande, le jambon, les champignons, les crevettes et les petits pois. Faire sauter tous les ingrédients pendant 2 ou 3 minutes. Mouiller avec 1 c. à soupe de sauce soja et faire cuire 30 secondes. Réserver, réchauffer 2 c. à soupe d'huile, battre 2 œufs avec une pincée de sel. Mélanger les ingrédients aux œufs avec 400 g de riz cuit, réchauffer le tout et servir aussitôt.

RIZ AUX CREVETTES ET AUX LÉGUMES

Pour 4 personnes

Préparer 150 g de crevettes décortiquées, 50 g de champignons en tranches, 12 haricots verts coupés en morceaux, 1 carotte coupée dans le sens de la longueur puis en tranches, 1 petit oignon nouveau émincé, le vert compris. Mélanger dans un bol une c. à soupe de vin de riz, 1 de sauce soja claire, 1/2 c. à soupe de sel et du poivre chinois moulu. Faire sauter les crevettes dans le wok avec 2 c. à soupe d'huile d'arachide pendant 1 minute, réserver et ajouter 2 autres c. à soupe d'huile. Faire sauter les légumes 3 à 4 minutes, remettre les crevettes dans la poêle, ajouter la sauce et 400 g de riz déjà cuit. Laisser s'imprégner de sauce et servir.

NOUILLES AUX DIX TRÉSORS

Il existe en Chine trois types principaux de pâtes : à la farine de blé, avec ou sans œuf, à la farine de riz ou de soja. Ces nouilles, en raison de la savante combinaison des différentes saveurs, sont un des nombreux exemples de la recherche de l'équilibre et de l'harmonie par les contrastes, caractéristique de la gastronomie chinoise.

Viande : pour préparer cette recette où la viande est cuite rapidement, il vaut mieux choisir des morceaux très tendres et sans fibre comme le filet ou l'aloyau. De l'agneau donnera un goût plus prononcé que la viande de bœuf. Des restes de poulet rôti ou bouilli, voire de canard, peuvent remplacer la viande fraîche.

INGRÉDIENTS

Pour 4 personnes

300 g de nouilles chinoises aux œufs
4 tranches de poitrine de porc
70 g d'échine de porc
70 g de filet de bœuf
70 g d'escalope de poulet
50 g de pousses de bambou
2 branches de céleri
2-3 oignons nouveaux
70 g de haricots verts
4 champignons chinois secs
2 c. à soupe de Maïzena
1 blanc d'œuf
5 c. à soupe de bouillon
4 c. à soupe sauce soja claire
4 c. à soupe d'huile d'arachide
40 g de lard
1 c. à soupe de Xérès
1 c. à soupe d'huile de sésame
Sel

QUANTITÉS

Personnes	6	8	10
Nouilles	450 g	600 g	750 g
Poitrine	6 tranches	8 tranches	10 tranches
Échine, bœuf, poulet	100 g	150 g	180 g
Pousses de bambou	80 g	100 g	120 g
Céleri	3 branches	4 branches	5 branches
Oignons nouveaux	4	5-6	6
Haricots verts	100 g	150 g	180 g
Champignons chinois	6	8	10
Maïzena	3 c. à soupe	4 c. à soupe	5 c. à soupe
Blanc d'œuf	1	2	2
Bouillon	7 c. à soupe	10 c. à soupe	12 c. à soupe
Sauce soja	6 c. à soupe	8 c. à soupe	10 c. à soupe
Huile d'arachide	6 c. à soupe	8 c. à soupe	10 c. à soupe
Barde de lard	60 g	80 g	100 g
Xérès	1 1/2 c. à soupe	2 c. à soupe	2 1/2 c. à soupe
Huile de sésame	1 1/2 c. à soupe	2 c. à soupe	2 1/2 c. à soupe

Haricots verts : hors saison, on pourra utiliser des haricots surgelés ou même d'autres légumes comme les courgettes, le chou-fleur ou les brocolis. On peut aussi utiliser des restes de légumes cuits à l'eau.

MATÉRIEL

• Planche • couteau chinois à large lame • bol • baguettes de bambou • casserole • wok • écumoire • cuillère en bois • petite poêle

À défaut : les composants des nouilles chinoises sont les mêmes que pour nos pâtes aux œufs. On peut donc les remplacer par des **tagliatelles fraîches** (de préférence à celles vendues sèches) ; de même les spaghettis de blé chinois par des spaghettis frais.

Préparer d'abord les viandes. Émincer la poitrine découennée, l'échine et le bœuf et le poulet. Conservée jusqu'au dernier moment dans le compartiment le plus froid du réfrigérateur, la viande sera plus facile à couper. Si l'on utilise de la viande surgelée, la couper avant décongélation totale.

Mettre les viandes dans un récipient, saupoudrer d'1 c. à soupe de Maïzena et de 2 pincées de sel. Mélanger. Ajouter le blanc d'œuf légèrement battu avec les baguettes et mélanger de façon à enduire uniformément la viande.

Couper en tranches, puis en allumettes les pousses de bambou, le céleri et les chapeaux des champignons après les avoir fait tremper 30 minutes dans l'eau tiède. Couper en biais les oignons en séparant le vert et le blanc.

Équeuter les haricots verts, les couper en 5 à 6 morceaux chacun, les faire blanchir 2 minutes dans un peu d'eau bouillante et égoutter.

Mettre la Maïzena restante dans un récipient avec le bouillon froid et 1 c. à soupe de sauce soja.

Porter à ébullition une casserole d'eau salée et y faire cuire les nouilles 4 minutes, égoutter et passer sous l'eau pour arrêter la cuisson.

Réchauffer 4 c. à soupe d'huile dans le wok et faire revenir toutes les viandes et le blanc de l'oignon 2 à 3 minutes à feu vif. Enlever les 2/3 de la viande et réserver.

Ajouter dans le wok tous les légumes avec 20 g de barde hachée finement et cuire 2 minutes en remuant.

Ajouter 2 c. à soupe de sauce soja et la moitié du mélange Maïzena-bouillon, cuire 1 minute.

Ajouter les nouilles à la préparation dans le wok et laisser 1 à 2 minutes pour qu'elles s'imprègnent du goût.

Dans une petite poêle à part, préparer le ragoût de garniture : chauffer la barde restante finement hachée, ajouter le vert des oignons, la viande réservée et faire sauter le tout à feu vif 1 minute. Ajouter une c. à soupe de sauce soja, le reste du mélange de Maïzena, le xérès, l'huile de sésame et laisser encore 30 secondes sur le feu avant d'éteindre.

PRÉSENTATION

Disposer les nouilles dans un plat de service avec le contenu de la seconde poêle et le ragoût de viandes au centre. Ce plat peut également être servi dans des plats individuels en garnissant abondamment les nouilles de viande et de légumes. Elles constituent ainsi un plat unique et complet pour un déjeuner ou un dîner léger.

QUELQUES VARIANTES

NOUILLES PIQUANTES FAÇON SICHUAN
Pour 4 personnes

Mélanger 240 g de porc maigre haché avec 1 c. à café de sel et une c. à soupe de sauce soja noire et faire revenir 4 minutes dans le wok dans 2 dl d'huile d'arachide. Égoutter la viande et la sécher sur du papier absorbant. Chauffer dans le wok 2 nouvelles c. à soupe d'huile et faire revenir un hachis de 3 c. à soupe d'ail, 2 de gingembre frais et 5 d'oignons nouveaux. Au bout de 30 secondes ajouter 2 c. à soupe de pâte de sésame, 2 de sauce soja noire, 2 d'huile au piment, 1 c. à café de sel et 2 dl de bouillon de poulet ou de bœuf. Laisser bouillir 4 minutes. Pendant ce temps, faire cuire 2 minutes 350 g de nouilles, les égoutter et les assaisonner avec la sauce dans la poêle. Servir avec la viande sautée.

SPAGHETTIS DU MENDIANT
Pour 4 personnes

Hacher grossièrement 2 oignons nouveaux. Dans un récipient, mélanger 3 c. à soupe de vinaigre de vin chinois et 3 de sauce soja. Dans un autre bol, mélanger les ingrédients de la sauce : 2 c. à soupe de beurre de cacahuètes, 2 de tehina et 3 d'huile de sésame. Faire cuire 400 g de nouilles de blé chinoises sans œuf ou 400 g de pâtes occidentales. Égoutter les pâtes, cuites *al dente*, et les distribuer dans 4 à 6 bols à riz. Verser les oignons sur les nouilles et ajouter à chaque portion une bonne c. à soupe de sauce de sésame et d'arachides ainsi qu'une c. à soupe de vinaigre et de sauce soja.

CHOW MEIN DE BŒUF
Pour 4 personnes

Couper en tranches 300 g de filet de bœuf, relevé d'une c. à soupe de sauce soja et de 2 pincées de poivre. Hacher 3 tranches de gingembre et 2 oignons nouveaux en séparant le blanc du vert. Faire revenir 30 secondes dans le wok le gingembre et le blanc d'oignon avec 3 c. à soupe d'huile d'arachide. Y faire sauter rapidement la viande et réserver. Cuire pendant 2 minutes 350 g de pâtes fraîches. Faire bouillir dans le wok 20 g de barde de lard hachée, 1 c. à soupe de sauce soja, 1 de sauce Hoisin, 2 de bouillon et mélanger aux pâtes. Remettre la viande dans le wok 1 minute avec le vert des oignons, 2 c. à soupe d'huile ; 2 de xérès, 1 de Maïzena diluée dans 2 d'eau.

SOUPE ACIDULÉE PIQUANTE

Les Chinois considèrent les soupes comme des boissons salées que l'on consomme tout au long du repas. Elles peuvent être claires, c'est-à-dire à base de bouillon et d'ingrédients qui le parfument, ou plus consistantes, enrichies de viande ou de poisson et liées à la Maïzena ou à l'œuf. Au cours d'un repas soigné, on en sert plusieurs, accompagnées, comme les autres plats, d'un bol de riz. La soupe aigre-douce dont il existe de nombreuses versions régionales, est l'une des plus renommées : nourrissante, elle est parfaite pour réchauffer les jours d'hiver.

MATÉRIEL

• Casserole • écumoire • serviette à filtrer • 2 saladiers • planche à découper • couteau chinois à lame large • baguettes • louche

QUANTITÉS

Tofu frais : on peut lui substituer du tofu au naturel en boîtes, que l'on trouve dans les magasins spécialisés. Il est possible aussi de le préparer soi-même avec une poudre de tofu que l'on délaye dans l'eau : dans ce cas, il se défait davantage à la cuisson.

Personnes	**6**	**8**	10
Porc	150 g	200 g	250 g
Tofu	300 g	400 g	500 g
Champignons noirs	3 c. à soupe	4 c. à soupe	5 c. à soupe
Champignons parfumés	3	4	5
Œufs	2	2	3
Oignons	3	4	5
Vinaigre de riz	3 c. à soupe	4 c. à soupe	5 c. à soupe
Maïzena	1 1/2 c. à soupe	2 c. à soupe	2 1/2 c. à soupe
Bouillon de poule	1,5 l	2 l	2,5 l
Sauce soja	3 c. à soupe	4 c. à soupe	5 c. à soupe
Huile de sésame	1 1/2 c. à soupe	2 c. à soupe	2 1/2 c. à soupe
Sucre	2 pincées	2 pincées	3 pincées
Poivre blanc	2 pincées	2 pincées	3 pincées
Pour le bouillon :			
Poulet	1,5 kg	2 kg	2,5 kg
Gingembre	4 tranches	8 tranches	10 tranches
Eau	3 l	4 l	5 l

INGRÉDIENTS

Pour 4 personnes
100 g de porc maigre
200 g de tofu
2 cuillerées de champignons noirs séchés
2 champignons parfumés
1 œuf
2 petits oignons nouveaux
2 c. à soupe de vinaigre de riz sombre
1 c. à café de Maïzena
1 l de bouillon de poule
2 c. à soupe de sauce soja claire
1 c. à soupe d'huile de sésame
1 pincée de sucre
1 pincée de poivre blanc moulu
sel
Pour le bouillon :
1 kg de carcasses de poulet ou 1/2 poulet coupé en morceaux
4 tranches de gingembre frais
2 l d'eau

Champignons noirs ou oreilles de chat : les plus utilisés après les champignons parfumés. Le champignon noir ou champignon Mu'er, de couleur gris foncé, pousse sur les souches d'arbre. Il s'achète dans les épiceries exotiques et convient pour les bouillons et les sauces. Ajouter quelques champignons renforcera rend l'arôme de cette soupe.

Préparer le bouillon en faisant bouillir dans une casserole de l'eau avec les morceaux de poulet et le gingembre.

Porter à ébullition, écumer, et laisser frémir à feu doux 1 h 30. En fin de cuisson, filtrer à travers une chausse ou une passoire tapissée d'une mousseline. Utiliser la chair de poulet pour un plat de nouilles ou dans un riz sauté.

Faire tremper les deux types de champignon dans l'eau tiède pendant 15 minutes. Égoutter. Jeter les pieds fibreux des champignons parfumés, les émincer.

Couper le porc en fines tranches puis en allumettes. Hacher l'oignon, couper en bâtonnets le tofu égoutté.

Chauffer le bouillon dans une casserole, y verser les ingrédients hachés, ajouter la sauce soja, le vinaigre, le sucre, le poivre, le sel et l'huile de sésame.

En dernier lieu, délayer soigneusement la Maïzena dans 2 c. à soupe d'eau tiède en évitant les grumeaux.

Ajouter à la préparation et mélanger quelques minutes à feu doux à l'aide d'une cuillère en bois, pour que la sauce s'épaississe sans devenir trop dense. Redonner un léger tour de bouillon.

Pendant ce temps, casser un œuf dans un bol à part et le battre énergiquement avec les baguettes. Verser dans la soupe en ébullition.

Attendre 30 secondes pour que l'œuf prenne, puis le battre avec les baguettes : on obtient ainsi des filaments irréguliers. Ce n'est qu'à ce moment que l'on enlève la casserole du feu.

PRÉSENTATION

En Chine, la soupe acidulée piquante est servie bouillante dans des bols individuels complétés, avec des cuillères en porcelaine. La soupe est garnie de quelques fines rondelles d'oignon nouveau et toujours accompagnée de riz blanc, servi dans de petits plats ovales.

QUELQUES VARIANTES

SOUPE DE LÉGUMES AUX BOULETTES

Pour 4 personnes

Mélanger 100 g d'échine de porc hachée à 100 g de poitrine également hachée, 1 c. à soupe de gingembre haché, 1 oignon nouveau haché, 1 c. à soupe d'huile de sésame, 1 de vin chinois et 2 de Maïzena. Saler et former des boulettes de la taille de petites noix. Couper en lamelles 1 carotte, 1 courgette, couper en rondelles 1 poireau, en bâtonnets 50 g de pousses de bambou et en lanières 4 champignons parfumés trempés 20 minutes dans l'eau tiède. Faire cuire les légumes et les boulettes dans 1,5 litre de bouillon de poule léger. Au bout de trente minutes, servir la soupe en ajoutant à la fin l'huile de sésame pour le goût.

SOUPE PÉKINOISE AU POISSON BLANC

Pour 4 personnes

Couper en tranches minces 200 g de filets de lotte, les saler, les fariner avec 1/2 c. à soupe de Maïzena et les rouler dans un blanc d'œuf légèrement battu. Faire frire les tranches de poisson 1 minute dans l'huile bouillante et les égoutter sur une feuille de papier absorbant. Porter à ébullition 1,5 litre de bouillon de poule, ajouter 1 c. à soupe de gingembre haché avec 1 gousse d'ail, un oignon nouveau haché et 6 haricots mangetout coupés en losange. Ajouter le poisson, 3 c. à soupe de vinaigre de riz, 2 pincées de poivre rouge moulu et du sel si nécessaire. Au bout de 3 minutes, éteindre le feu, verser dans des bols et servir.

SOUPE AUX ŒUFS ET AUX TOMATES

Pour 4 personnes

Porter à ébullition 1,5 litre de bouillon de poule, ajouter 2 tomates sans peau ni pépins coupées en dés. Ajouter 50 g de tofu en cubes et faire cuire 5 minutes. Verser dans le bouillon brûlant 2 œufs battus et au bout d'un instant agiter vivement avec les baguettes. Après 30 secondes, ajouter un oignon nouveau haché, 1 c. à soupe de vin de riz, 1 d'huile de sésame, du sel et du poivre. Retirer du feu, verser dans des bols et servir.

POISSON À LA VAPEUR EN FEUILLES DE LOTUS

Le poisson est très important dans l'alimentation chinoise. L'objectif de tout cuisinier est d'en conserver la fraîcheur grâce à des méthodes de cuisson simples et rapides et d'en enrichir le goût avec du vin, du vinaigre et du gingembre. La cuisson à la vapeur, très appréciée, met le mieux en valeur le poisson. Les feuilles de lotus sont des papillotes naturellement imperméables et donnent un arôme délicat et subtil, absolument unique.

Feuilles de lotus : elles proviennent d'une des plantes les plus symboliques de la culture orientale. Ces grandes feuilles arrondies, à la saveur caractéristique, sont vendues séchées dans les épiceries asiatiques. Bien sûr, on peut aussi préparer les papillotes avec du papier d'aluminium !

Piment oiseau ou enragé : on le prépare en le fendant en deux, et en éliminant les graines et le blanc à l'intérieur. D'autres variétés de piment peuvent être utilisées pour cette recette.

INGRÉDIENTS

1 pageot de 800 g environ
2 feuilles de lotus séchées
1 1/2 c. à soupe de sauce soja noire
3 c. à soupe d'huile d'arachide
Pour la sauce :
70 g de légumes chinois en saumure
3 tranches de gingembre frais
2 oignons nouveaux
2 piments oiseau
2 c. à soupe de soja claire
2 c. à soupe de xérès ou de vin chinois
6 c. à soupe de bouillon de poule ou de légumes
2 c. à café de sucre

QUANTITÉS

Personnes	**6**	**8**	**10**	**12**
Poisson	2	2 grands	3	3 grands
Feuilles de lotus	4	4	6	6
Sauce soja noire	2 c. à soupe	3 c. à soupe	4 1/2 c. à soupe	6 c. à soupe
Huile d'arachide	6 c. à soupe	6 c. à soupe	9 c. à soupe	9 c. à soupe
Pour la sauce :				
Légumes chinois en saumure	140 g	140 g	220 g	220 g
Oignons nouveaux	4	4	6	6
Gingembre frais	6 tranches	6 tranches	9 tranches	9 tranches
Piments oiseau	4	4	6	6
Sauce soja claire	4 c. à soupe	4 c. à soupe	6 c. à soupe	6 c. à soupe
Xérès ou vin chinois	4 c. à soupe	4 c. à soupe	6 c. à soupe	6 c. à soupe
Bouillon de poule ou de légumes	12 c. à soupe	15 c. à soupe	18 c. à soupe	24 c. à soupe
Sucre	1 c. à café	1 c. à café	1 1/2 c. à café	1 1/2 p. c. à café

Légumes en saumure : il s'agit de légumes mélangés, cornichons, céleri, gingembre, etc., coupés en morceaux et conservés dans la saumure. On en trouve diverses variétés en boîtes ou en bocaux. Le gingembre leur donne un goût prononcé et piquant.

MATÉRIEL

• Petit couteau tranchant • couteau chinois à large lame • planche à découper • cuvette • wok • cuillère en bois • grille de bambou pour cuisson à la vapeur (ou panier métallique à vapeur) • ficelle de cuisine

À défaut : on peut aisément remplacer le pageot par la daurade ou par des poissons de caractéristiques voisines. Choisir donc celui qui vous plaît le plus, en misant sur la fraîcheur dont les signes sont un œil limpide et brillant, en bille et non enfoncé, une chair ferme, des écailles brillantes et des branchies rouge vif. L'idéal serait une carpe, le poisson préféré des Chinois. Sa chair est ferme, grasse, et ses fortes arêtes s'amollissent à la cuisson. Elle est malheureusement plutôt rare.

Mettre à tremper 10 minutes les feuilles de lotus dans une bassine d'eau tiède pour les faire ramollir.

Nettoyer le poisson : maintenez-le par la queue au-dessus d'un journal et raclez la peau avec un couteau de la queue vers la tête pour enlever les écailles. Prendre garde aux grosses épines de la nageoire dorsale du pageot.

Mélanger avec soin la sauce soja claire avec le sucre, le xérès et le bouillon.

Verser cette sauce dans le wok et faire bouillir 30 secondes.

À l'aide d'un couteau, inciser le ventre tout du long, enlever les parties internes, laver soigneusement l'intérieur à l'eau et essuyer le poisson avec un linge.

Assaisonner l'intérieur et l'extérieur de sauce soja noire.

Sortir de la saumure les légumes chinois et les couper en tranches minces, tout comme le gingembre frais, les piments débarrassés de leurs graines et les oignons.

Mettre 3 c. à soupe d'huile dans le wok et, une fois chaud, y faire sauter 1 minute les piments, le gingembre, l'oignon et les légumes salés.

Égoutter les feuilles de lotus, les sécher soigneusement dans un linge, les déplier et les poser l'une sur l'autre.

Replier la première feuille sur le poisson puis la seconde. Ficeler la papillotte.

Placer la grille de bambou sur le wok, verser de l'eau bouillante dans le bas et mettre sur le feu.

Placer le poisson en papillote sur la grille. Couvrir le wok de son couvercle ou de papier d'aluminium et laisser cuire 25 minutes.

Au centre des feuilles ainsi préparées, disposer le poisson et par dessus la moitié des légumes salés avec la sauce de cuisson.

Retourner délicatement le poisson et garnir de même l'autre côté avec les légumes et la sauce restante. Pour ne pas briser le poisson en le tournant, s'aider en haussant légèrement les feuilles de lotus de façon à faciliter l'opération.

PRÉSENTATION

Placer la papillote sur le plat de service, retirer la ficelle, ouvrir les feuilles en les repliant sous le poisson de façon à le maintenir. Servir accompagné de riz blanc. Cette recette peut constituer le plat principal pour 4 personnes. S'il est accompagné d'autres plats, il suffit pour 6 personnes.

QUELQUES VARIANTES

POISSON « ÉCUREUIL »

Pour 4 personnes

Nettoyer une daurade, pratiquer d'un côté 2 fentes et de l'autre 6 dont 2 sur la queue. Assaisonner de sel, poivre, et d'1 c. à soupe de gingembre haché. Fariner à la Maïzena. Hacher 2 c. à soupe de champignons noirs, 6 champignons parfumés, 2 oignons nouveaux en tronçons de 5 cm et 30 g de pousses de bambou. Frire le poisson dans le wok avec 75 cl d'huile, les 6 fentes vers le bas, 4 minutes à feu moyen, puis 2 minutes à feu vif. Faire sauter dans 2 c. à soupe d'huile les champignons, le bambou et les oignons ; au bout d'1 minute, verser 3 c. à soupe de sauce soja, 1 de sucre, 2 de vin chinois, 2 de vinaigre de riz, 4 de bouillon et faire bouillir 1 minute.

POISSON BRAISÉ AU VINAIGRE CHAUD

Pour 4 personnes

Assaisonner une daurade nettoyée avec du sel, du poivre, 1/2 c. à soupe de gingembre haché, 1 c. à soupe d'huile. Hacher 3 tranches de gingembre, 40 g de pousses de bambou, 1/2 poivron rouge, 1 carotte, 1 piment fort et 2 oignons nouveaux. Faire revenir le poisson dans le wok avec 3 c. à soupe d'huile 2-3 minutes. Faire revenir les légumes 1 minute dans 2 c. à soupe d'huile, ajouter 2 c. à soupe de sauce soja, 3 de vinaigre de riz et 3 de bouillon. Remettre le poisson dans le wok, porter la sauce à ébullition 3 minutes. Y ajouter 3 c. à soupe de vinaigre et 1/2 c. de Maïzena délayée dans 2 c. d'eau, mélanger, verser la sauce épaissie sur le poisson.

POISSON FRIT À LA SAUCE AIGRE-DOUCE

Pour 4 personnes

Couper en bâtonnets de 5 cm de long 600 g de filets de poisson (perche, bar, merlan ou lotte). Battre 1 œuf avec 100 g de farine tamisée et 2 c. à soupe d'eau et rouler le poisson dans cette pâte. Faire sauter dans le wok dans 2 c. à soupe d'huile, 1 gousse d'ail, 5 tranches de gingembre et 1 oignon nouveau coupé en julienne. Verser sur le tout 2 c. à soupe de concentré de tomate diluées avec 2 c. à soupe de vin chinois, 5 de vinaigre, 3 de sucre, 2 d'eau, 1c. à café de Maïzena et 1 de sel. Laisser la sauce épaissir. Pendant ce temps faire frire les morceaux de poisson dans l'huile bouillante, égoutter, verser la sauce par-dessus et servir.

Gambas à la sauce piquante sur riz croquant

Les grosses crevettes sont l'un des aliments de prédilection de la cuisine chinoise et sont toujours très appréciées des Occidentaux. Pour cette recette, les crustacés doivent être cuits rapidement pour rester tendres, mais fermes sans être secs. La sauce, que le piment et le gingembre relèvent, parfume le riz croustillant qui accompagne le plat.

Le vin chinois : obtenu à partir du riz, son degré alcoolique est plutôt élevé, entre 15 et 20°. De couleur ambrée, il possède un goût caractéristique, sec ou doux selon la qualité. Il est souvent utilisé en cuisine mais se boit dans des repas de fête ou en digestif. On le trouve chez les traiteurs chinois. Un xérès sec peut le remplacer.

Gingembre : cultivé et répandu dans tout l'Orient, le rhizome de cette plante est très aromatique et piquant. On le trouve maintenant assez facilement chez certains marchands de fruits et légumes ou dans les épiceries asiatiques. On l'utilise frais en petites doses. Ne pas le remplacer par du gingembre en poudre, qui a perdu une partie de son arôme en séchant.

MATÉRIEL

• Petit couteau • papier absorbant • bol • couteau chinois à lame plate • wok • planche à découper • cuillère en bois • baguettes de bambou

INGRÉDIENTS

Pour 4 personnes
450 g de gambas
1 piment vert ou rouge
2 piments rouges séchés
2 tranches de gingembre frais
3 petits oignons nouveaux
1 blanc d'œuf
1 1/2 c. à soupe de Maïzena
1 1/2 c. à café de sucre
1 c. à soupe de vin chinois
1 c. à soupe de concentré de tomate
3 c. à soupe de bouillon
1 c. à soupe de vinaigre
1 c. à café d'huile de sésame
1,5 dl d'huile d'arachide
2 c. à café de Maïzena délayées dans
2 c. à soupe d'eau
Sel

À défaut : on peut remplacer les gambas par des langoustines — fraîches ou surgelées — en les traitant exactement comme dans la recette principale. Dans ce cas, on peut conserver les pinces et les têtes qui serviront à préparer une soupe de poisson servie après.

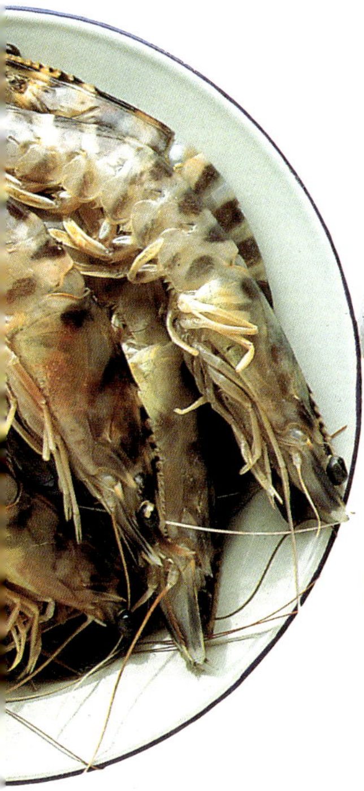

Gambas : si l'on en trouve, préférer celles de Méditerranée, de couleur grise et très savoureuses. Les gambas tigrées en provenance d'Afrique et surgelées sont également de bonne qualité. S'assurer cependant que la chair des queues ne soit pas molle, indice d'un manque de fraîcheur ou signe d'un produit décongelé depuis trop longtemps. La carapace doit être dure et épaisse, ce qui indique que les gambas ne sont pas trop jeunes et donc peu charnues.

QUANTITÉS

Personnes	6	8	10	12
Gambas	700 g	900 g	1,250 kg	1, 5 kg
Piments	2	3	4	5
Piments rouges séchés	3	4	5	6
Gingembre	3 tranches	4 tranches	5 tranches	6 tranches
Petits oignons nouveaux	4-5	6	7-8	9
Blanc d'œuf	1	2	2	3
Maïzena	2 c. à soupe	3 c. à soupe	4 c. à soupe	4 1/2 c. à soupe
Sucre	2 c. à café	3 c. à café	4 c. à café	4 1/2 c. à café
Vin chinois	2 c. à soupe	2 c. à soupe	2 1/2 c. à soupe	3 c. à soupe
Concentré de tomate	1 1/2 c. à soupe	2 c. à soupe	2 1/2 c. à soupe	3 c. à soupe
Bouillon	5 c. à soupe	6 c. à soupe	8 c. à soupe	9 c. à soupe
Vinaigre	1 1/2 c. à soupe	2 c. à soupe	2 1/2 c. à soupe	3 c. à soupe
Huile de sésame	1 1/2 c. à soupe	2 c. à soupe	2 1/2 c. à soupe	3 c. à soupe
Huile d'arachide	2,5 dl	3 dl	4 dl	4,5 dl
Maïzena à délayer	3 c. à café	4 c. à café	5 c. à café	6 c. à café
dans de l'eau	3 c. à soupe	4 c. à soupe	5 c. à soupe	6 c. à soupe

Pour préparer les **gambas :** détacher la tête et ôter la carapace en gardant la queue, inciser le dos tout au long et enlever l'intestin noirâtre. Rincer les queues à l'eau salée et les sécher sur du papier absorbant.

Hacher grossièrement le gingembre, les oignons nouveaux, les piments secs. Fendre le piment oiseau vert, ôter les graines et la queue, le hacher.

Chauffer l'huile dans le wok et y jeter les crevettes égouttées de leur marinade. Cuire 2 minutes, les retirer et les sécher sur du papier absorbant.

Dans une terrine, mélanger le blanc d'œuf avec le vin chinois, 1 c. à café de sel et 1 1/2 c. à soupe de Maïzena. Plonger les queues 10 minutes dans cette marinade.

Jeter la plus grande partie de l'huile et n'en garder que 2 c. à soupe dans le wok. Réchauffer la poêle et faire frire le piment avec le gingembre et l'oignon pendant 30 secondes.

Ajouter le sucre, le concentré de tomate, le bouillon, le vinaigre, la 1/2 c. à café de sel restant et mélanger 15 secondes.

Rajouter à la sauce dans le wok, les gambas frites, mélanger et cuire 30 secondes. Verser dans la sauce la Maïzena délayée dans l'eau et l'huile de sésame. Retourner de nouveau les gambas dans la sauce ; après quelques secondes, éloigner du feu.

Chauffer dans le wok un verre d'huile d'arachide. Quand elle est bien chaude, y jeter les morceaux de riz déjà cuit et faire frire jusqu'à ce qu'ils soient croustillants et dorés. Égoutter ces nuages de riz sur du papier absorbant.

Nota bene

Si l'on veut préparer des nuages de riz sans avoir de riz déjà prêt, faire cuire 150 g de riz blanc en le laissant sécher complètement dans la poêle. Une fois refroidi, l'utiliser comme précédemment indiqué.

Pour préparer le riz, utiliser le riz resté attaché aux parois de la poêle pendant la cuisson. Une fois refroidi, en faire des morceaux, que l'on met au réfrigérateur jusqu'au moment de s'en servir.

PRÉSENTATION

Disposer le riz sur le plat de service, répartir les gambas dessus et ajouter une abondante quantité de sauce. Servir aussitôt pour que les nuages de riz restent bien croquants. Ce plat constitue un excellent accompagnement pour la plupart des recettes chinoises à base de viande, de poisson ou de légumes. Le riz croustillant peut cependant être remplacé par du riz blanc ou du riz sauté.

QUELQUES VARIANTES

CREVETTES CANTONAISES POCHÉES AUX DEUX SAUCES

Pour 4 personnes

Laver et sécher 500 g de queues de crevettes fraîches. Sans les décortiquer, les faire bouillir 2 minutes dans l'eau salée. Éteindre le feu et égoutter 1 minute après. Préparer les deux sauces. Pour la première : hacher finement 1 oignon nouveau, 3 tranches de gingembre frais et 2 piments oiseau sans les graines. Chauffer dans une casserole 3 c. à soupe d'huile, les verser sur le hachis, ajouter 2 c. à soupe de soja, 1 de vinaigre — de riz ou de vin — et 1/2 c. à soupe d'huile de sésame. Pour la seconde : mélanger dans un bol, 1 c. à soupe de gingembre râpé avec 3 de vinaigre. Servir les crevettes chaudes avec les sauces.

CREVETTES FOU-YOUNG

Pour 4 personnes

Hacher finement 2 tranches de gingembre et les mélanger à 200 g de crevettes décortiquées et 2 c. à café de Maïzena. Hacher 2 oignons nouveaux avec le vert. Fouetter dans un bol 5 blancs d'œuf et y verser la moitié des oignons. Chauffer dans le wok 2 c. à soupe d'huile, y jeter les crevettes et les faire sauter 1 1/2 minute en ajoutant une c. à soupe de xérès sec. Égoutter les crevettes et les mélanger aux blancs d'œuf. Chauffer 3 nouvelles c. à soupe d'huile dans le wok, y cuire les blancs d'œuf et les crevettes 1 minute. Ajouter le restant des oignons et cuire encore 1 minute. Éloigner du feu et servir avec du riz blanc et un plat de viande ou de légumes en sauce.

CREVETTES DE CRISTAL

Pour 4 personnes

Décortiquer et nettoyer 350 g de crevettes comme indiqué dans la recette principale et mélanger avec 1 1/2 c. à soupe de Maïzena, du sel, du poivre, une pincée de sucre, une c. à café d'huile d'arachide et un blanc d'œuf. Faire frire dans le wok avec un verre d'huile d'arachide les crevettes pendant 2 minutes et les égoutter. Ne garder qu'1 1/2 c. à soupe d'huile. Chauffer le wok, faire frire dans l'huile 2 tranches de gingembre haché, les oignons hachés et 4 c. à soupe de petits pois blanchis à l'eau bouillante salée pendant 5 minutes. Après 30 secondes, mouiller avec 1 1/2 c. à soupe de xérès sec et 3 c. à soupe de bouillon de légumes. Dès que la sauce bout, ajouter les crevettes, saler, mélanger.

Poulet au riz du Hunan

Grâce à son goût délicat et à la variété de ses emplois, le poulet permet des combinaisons infinies de saveurs : il est très utilisé dans la cuisine chinoise. Quelques recettes, comme le poulet aux amandes, sont célèbres mais d'autres, moins connues, sont tout à fait représentatives de la cuisine chinoise. Le poulet au riz du Hunan, région centrale de la Chine, où la cuisine est très pimentée, constitue un plat complet, qui ne nécessite aucun autre accompagnement.

La ciboulette : sa saveur, très aromatique est moins forte que celle de l'oignon. On la trouve chez tous les marchands de légumes mais on peut la remplacer par le vert des oignons nouveaux.

INGRÉDIENTS

Pour 4 personnes
1 poulet d'1,5 kg
450 g de riz long
4 petits oignons
400 g de brocolis
(ou de feuilles de navet)
2 cubes de bouillon de poule
1 1/2 c. à café d'huile de sésame
poivre noir
sel

Pour la sauce :
1 bouquet de ciboulette
4 gousses d'ail
4 c. à soupe de sauce soja
1 c. à soupe d'huile pimentée

QUANTITÉS

Personnes	**6**	**8**	**10**	**12**
Poulet	1 de 2 kg	1 de 2 kg	2 petits	2 gros
Riz grain long	500 g	600 g	800 g	800 g
Oignons	6 petits	8 petits	10 petits	12 petits
Brocolis 500 g	500 g	600 g	800 g	1 kg
Cubes de bouillon de poule	2	3	4	4
Huile de sésame	2 c. à café	2 c. à café	3 c. à café	3 c. à café
Pour la sauce :				
Ciboulette	1 bouquet	1 gros bouquet	2 bouquets	2 bouquets
Ail	4 gousses	6 gousses	8 gousses	8 gousses
Sauce soja	6 c. à soupe	8 c. à soupe	10 c. à soupe	12 c. à soupe
Huile au piment	1 1/2 c. à soupe	2 c. à soupe	2 1/2 c. à soupe	3 c. à soupe

Sauce soja : on trouve deux types de sauce différents, la sauce « tamari », préparée avec des grains de soja, du sel et de l'eau, et la sauce « shoyu » à base de soja grillé et de sel.

Huile pimentée : préparée avec de l'huile et des piments rouges, on en trouve dans les épiceries asiatiques. Elle se prépare aussi aisément chez soi : laisser macérer 15 jours 5 à 6 piments séchés forts et brisés en morceaux dans 1/4 de litre d'huile. Filtrer, c'est prêt.

MATÉRIEL

• Couteau solide ou couperet • planche à découper • passoire • grande casserole • écumoire • couteau chinois à lame large • bol • louche

À défaut : Le brocoli (ou les feuilles de navet) peut être remplacé par des **épinards** ou des **feuilles de bettes.**

Laver et sécher le poulet, le couper d'abord en 6 morceaux puis de nouveau de façon à obtenir une trentaine de morceaux. Cette opération peut s'avérer difficile à réaliser à la maison car elle nécessite un tranchet pour briser les os : mieux vaut demander à son boucher de le faire. Attention à ne laisser aucune esquille d'os dans la viande.

Frotter les morceaux de poulet avec 2 c. à café de sel et 1 de poivre noir moulu.

Plonger le poulet dans une grande casserole d'eau bouillante, l'égoutter après de 3 minutes et jeter l'eau.

Émincer les oignons. Les mettre dans une marmite avec 1 l 3/4 d'eau et le poulet. Porter à ébullition à feu vif, baisser le feu et laisser cuire 45 minutes.

Laver et séparer en petits bouquets les brocolis. Ajouter au poulet en même temps que les cubes brisés en morceaux. Si l'on souhaite utiliser des petits pois, les ajouter en même temps.

Faire cuire le poulet encore 5 minutes avant de l'égoutter en même temps que les légumes et réserver.

Pendant la cuisson de la viande, préparer le riz : le rincer à l'eau courante, le verser dans une casserole, ajouter la même quantité d'eau, couvrir et faire bouillir. Après 6 minutes de cuisson, éteindre et laisser gonfler 10 minutes.

Enlever de la marmite de poulet les 3/4 du bouillon qui sera réservé pour préparer la soupe, verser le riz précuit dans le bouillon restant, remettre sur le feu et faire cuire 10 minutes à feu moyen jusqu'à ce que tout le bouillon soit absorbé.

Remettre le poulet et les légumes dans la casserole 2 minutes, puis le disposer sur le riz afin qu'il reste chaud.

Mélanger dans un bol les ingrédients de la sauce : l'ail haché fin, la moitié de la ciboulette hachée, la sauce soja et l'huile pimentée. Verser sur le poulet.

Préparer maintenant la soupe : réchauffer le bouillon mis à part, ajouter le reste de la ciboulette hachée avec 1 1/2 c. à café d'huile de sésame.

PRÉSENTATION

Présenter le poulet dans un plat de faïence ou de terre cuite chauffée d'avance : mettre le riz au fond et disposer ensuite le poulet et les légumes bien assaisonnés de sauce piquante. À part, dans des bols individuels, servir le bouillon fumant que les convives dégusteront à la fin du plat.

QUELQUES VARIANTES

POULET À LA PÉKINOISE SAUCE CAPITAL

Pour 4 personnes

Couper en dés 450 g d'escalope de poulet, les saupoudrer d'1 c. à soupe de Maïzena, saler et mélanger avec 1 blanc d'œuf battu. Faire bouillir dans une casserole 3 tranches de gingembre frais avec 6 c. à soupe d'eau jusqu'à réduction du liquide à moitié avant de filtrer. Faire frire 1 minute dans le wok le poulet avec 6 c. à soupe d'huile d'arachide. Jeter l'huile, mettre dans le wok le bouillon de gingembre, 2 c. à soupe de pâte de soja jaune, 1 de xérès, 1 de sucre, 1 de sauce soja claire et 1 de Maïzena délayée dans 2 cuillerées d'eau. Amalgamer jusqu'à rendre la sauce homogène, ajouter le poulet et 1 c. à café d'huile de sésame. Servir les morceaux de poulet avec du riz blanc ou seuls, comme hors d'œuvre.

POULET AUX NOIX DE CAJOU

Pour 4 personnes

Couper en dés 200 g d'escalope de poulet, les saupoudrer d'1 pincée de sel et d'1 c. à café de Maïzena, ajouter 1 blanc d'œuf légèrement battu et bien mélanger. Faire frire dans le wok avec 6 c. à soupe d'huile et retirer avec l'écumoire. Jeter l'huile, remplacer par 2 c. à soupe d'huile fraîche, faire revenir 50 g de noix de cajou pendant 30 secondes, verser 1 c. à café d'ail haché, 100 g de pousses de bambou et 2 poivrons verts coupés en carrés. Au bout de 2 minutes, remettre le poulet dans la poêle pour le réchauffer. Préparer une sauce en mélangeant 1 c. à soupe de pâte de soja jaune avec 1 de sucre, 1/2 de vinaigre chinois, 1 de saké, 2 pincées de sel et verser sur le tout. Réchauffer et servir.

POULET SAUTÉ AUX MAÏS NAINS

Pour 4 personnes

Couper en dés 250 g de poulet, saupoudrer avec 1 c. à soupe de Maïzena, 2 pincées de sel, ajouter 1/2 blanc d'œuf battu. Couper en deux 6 épis de maïs nains au naturel, couper en dés 100 g de pousses de bambou, 100 g de jambon cuit, éplucher 50 g de petits pois, et émincer 100 g de champignons de Paris. Préparer la sauce à part : mélanger 1 c. à café de sel, 1 de poivre noir moulu, 1 de sauce soja claire, 4 de bouillon, 1/2 de sucre, 2 c. à soupe de vin chinois et 2 de Maïzena délayées dans 3 d'eau. Faire frire le poulet 30 secondes dans le wok avec 4 c. à soupe d'huile d'arachide et mélanger aux autres ingrédients 1 minute. Ajouter la sauce, mélanger 30 secondes sur le feu.

Canard aux aromates

Les Chinois sont passés maîtres dans l'art d'accommoder le canard, le plat par excellence des grandes occasions, à tel point qu'on n'en mange que quelquefois par an. Le canard de Pékin est d'ailleurs connu dans le monde entier mais sa fort longue préparation, selon un rituel aussi complexe que rigide, en rend tout à fait impossible la réalisation chez soi, même en Chine. Plus simple, en revanche, est le canard croustillant aux cinq parfums lequel, servi avec des légumes, de petites crêpes et de la sauce, remplacera le canard de Pékin même dans un menu très raffiné. Il existe des variantes où le canard n'est pas revenu dans la sauce mais cuit au four ou à la vapeur après avoir été mariné. Celle qui suit est une version rapide et facile même pour une cuisinière inexpérimentée.

Anis étoilé : cette épice à l'arôme intense, doux et piquant à la fois, se retrouve dans la tradition culinaire de tout l'Extrême-Orient, surtout dans les plats à base de viande ou de poisson. Chez nous, on peut la trouver dans les grandes surfaces et les herboristeries. On utilise le fruit entier ou seulement les graines, moulues au mortier ou au moulin électrique (les conserver dans un récipient hermétique).

INGRÉDIENTS

Poivre noir : s'utilise dans presque toutes les recettes à base de canard. C'est d'ailleurs une épice assez rare dans la cuisine chinoise qui utilise plutôt le poivre rose du Sichuan, plus parfumé et moins « poivré ». Le poivre doit impérativement être moulu au moment de son emploi pour ne pas perdre son arôme.

Pour le canard :
1 canard d'environ 2 kg
1,5 l de bouillon de viande
6 c. à soupe de sucre
6 tranches de gingembre frais
10 c. à soupe de sauce soja
4 c. à soupe de pâte de soja jaune
6 c. à soupe de xérès
6 anis étoilés
1/2 c. à café de cinq-épices
1/2 c. à café de poivre noir moulu
huile d'arachide pour la friture
sel

Pour les crêpes :
450 g de farine
1/2 c. à soupe de sucre
huile d'arachide

Pour servir :
1 concombre
1 botte de petits oignons nouveaux
2 c. à soupe d'huile d'arachide
7-8 c. à soupe de pâte de soja jaune
3 c. à soupe de sucre
1 c. à café d'huile de sésame

Xérès sec : ce vin espagnol peut être remplacé par du vin **chinois** qui sera également servi à table.

Cinq-épices : ce mélange d'épices typiquement chinois comprend du poivre du Sichuan, de l'anis étoilé, des graines de fenouil, des clous de girofle et de la cannelle. On l'achète tout prêt dans les épiceries asiatiques mais on peut aussi le faire soi-même en moulant en quantités égales les épices indiquées. À conserver dans une boîte hermétique.

MATÉRIEL

• Jatte • louche • fait-tout • 2 cuillères en bois • poêle anti-adhésive • sécateur à volaille • rouleau • plan de travail en bois ou en marbre • planche à découper • panier de cuisson à la vapeur (en bambou ou métallique)

Commencez par préparer le **canard.**
Mélanger dans une terrine le sucre, la sauce soja, la pâte de soja jaune, le xérès, le poivre fraîchement moulu, les cinq-épices en poudre. Verser cette préparation dans un fait-tout contenant le bouillon. Mélanger, ajouter les tranches de gingembre et les graines d'anis étoilé.

Plonger le canard bien lavé et essuyé dans le bouillon, porter à ébullition, baisser le feu pour laisser frémir et cuire 2 heures.
Égoutter soigneusement le canard et laisser refroidir.
Diviser la poitrine en 2 morceaux. Faire chauffer l'huile dans le wok et y plonger le canard. Faire frire environ 10 minutes de façon à ce qu'il soit bien doré et croustillant. Découper et disposer sur un plat chaud.

Tandis que cuit le canard, préparer les légumes, la sauce, et les crêpes.
Pour les **légumes** : couper les oignons et le concombre en bâtonnets d'environ 5 cm de long et les plonger dans l'eau froide pour qu'ils restent croquants.

Pour la **sauce** : chauffer l'huile dans une casserole. Dès qu'elle est chaude, ajouter la pâte de soja jaune et cuire 2-3 minutes en remuant. Ajouter le sucre, 3 c. à soupe d'eau et continuer à remuer 2-3 minutes. Enfin, ajouter l'huile de sésame, mélanger et retirer du feu.

Pour les **crêpes** : tamiser la farine dans un saladier, faire un puits au centre, y verser 2,5 dl d'eau tiède, l'huile et le sucre.
En mélangeant avec les baguettes, incorporer la farine peu à peu. Placer la pâte sur la surface de travail et travailler quelques minutes avec les mains comme pour une pâte à pain, jusqu'à ce qu'elle ne colle plus.
Former avec la pâte 2 rouleaux que l'on coupera chacun en 8 à 10 parts. Rouler chaque morceau dans les mains pour obtenir 16 à 20 boulettes.

Aplatir chaque boulette avec la paume, badigeonner 8 à 10 galettes d'huile, coller à chacune une galette non huilée.

Étaler au rouleau les 8 à 10 galettes doubles pour obtenir autant de disques de 15 cm de diamètre.

Nota bene : la préparation peut présenter des difficultés au moment de la séparation des deux crêpes. Faire donc un premier essai et si cela s'avère trop compliqué, préparer des crêpes simples, à partir de 8 à 10 boules de pâte et les cuire à la poêle comme indiqué. On réduit alors de moitié le temps de cuisson.

Faire chauffer une poêle anti-adhésive sans matière grasse et cuire les crêpes une à la fois, 1 1/2 minute de chaque côté.

Retirer les crêpes de la poêle quand des taches brunes commencent à se former à la surface et séparer les deux feuilles dont chaque crêpe est composée. Elles doivent rester tendres et flexibles pour pouvoir être repliées en cornet.

Préparer ainsi 16 à 20 crêpes, les plier en cornet tant qu'elles sont encore chaudes. Conserver dans un linge humide jusqu'au moment de servir.

Pour les réchauffer et les ramollir, les passer à la vapeur dans le panier à vapeur pendant quelques minutes, peu avant de servir le canard.

PRÉSENTATION

Le canard représente en Chine le temps fort d'un menu composé de plusieurs plats. Il sera donc accompagné d'autres mets à base de légumes, de poisson, de viande ou de nouilles. Le canard aux cinq-épices, comme le canard de Pékin, sont accompagnés de légumes et de crêpes : il se servent donc sans le traditionnel bol de riz. Chaque convive met une cuillerée de sauce dans la crêpe, pose dessus 1 ou 2 bâtonnets de concombre, un morceau d'oignon et un de canard puis referme la crêpe en repliant l'extrémité pour que le contenu ne puisse s'échapper.

QUELQUES VARIANTES

CANARD À LA MOUTARDE ET AU SOJA

Pour 4 personnes

Couper un filet de canard de 400 g en tranches longues de 5 cm sur 2,5 cm. Couper 3 poireaux en rondelles de 2,5 cm et en allumettes 3 tranches de gingembre frais. Faire chauffer 3 c. à soupe d'huile dans le wok, y faire frire le gingembre 10 secondes, ajouter 1 c. à café de sel, le canard et faire sauter pendant 1 minute. Égoutter la viande et réserver. Faire frire les poireaux et 2 gousses d'ail 1 minute 30, les égoutter et réserver. Ajouter 1 c. à soupe d'huile dans le wok, 2 c. à café de sauce soja, 2 de sucre, 2 c. à soupe de bouillon et 2 de moutarde forte. Dès que la sauce bout, ajouter le canard, les poireaux et mélanger 30 secondes.

CANARD FRIT

Pour 4 personnes

Prendre 2 filets de canard de 200 g chacun, les cuire à l'eau bouillante 3 minutes, les égoutter et les sécher. Mélanger dans une terrine 5 c. à soupe de Maïzena avec 2 c. à soupe de farine additionnée de levure et 1 œuf. Préparer le bouillon de cuisson comme dans la recette principale en divisant les doses par deux. Porter à ébullition, y plonger les filets et faire cuire 20 minutes environ, égoutter et laisser refroidir. Couper les filets en 2 en longueur, les rouler dans la pâte et frire dans le wok avec l'huile d'arachide 5 minutes. Égoutter le canard sur du papier absorbant, couper chaque morceau en 4 ou 5 petits morceaux et servir très chaud avec la sauce de la recette de base.

CANARD BRAISÉ

Pour 4 personnes

Cuire le canard 5 minutes à l'eau bouillante, égoutter, badigeonner de sauce soja, laisser reposer 1/2 heure. Faire revenir dans le wok avec 4 c. à soupe d'huile. Placer dans une casserole de terre cuite avec 2 oignons nouveaux émincés, 6 tranches de gingembre hachées, 2 c. à soupe de sauce soja, 3 de vin chinois, un peu d'eau. Couvrir et cuire à feu doux 2 heures. Faire sauter dans le wok 300 g de pousses de bambou coupées en dés dans 2 c. à soupe d'huile, ajouter le canard, la sauce filtrée, 1/2 c. à soupe de sucre, 1 d'huile de sésame, du sel et un peu d'eau. Après 30 minutes, lier la sauce avec une c. à café de fécule délayée dans 2 d'eau.

PORC À L'AIGRE-DOUCE

Originaire du Sud de la Chine, ce plat, bien connu de tous les amateurs de cuisine chinoise, exalte la chair tendre du porc grâce à une harmonie de saveurs contrastées. Cette recette est un exemple typique des divers modes de cuisson possibles avec le wok : on l'utilise d'abord pour frire la viande enrobée de pâte, puis après changement d'huile, pour faire sauter les légumes et cuire la sauce d'accompagnement.

Farine additionnée de levure : farine de blé ordinaire, déjà mélangée avec de la levure. On peut la préparer soi-même en ajoutant une pointe de couteau de levure à 6 c. à soupe de farine.

MATÉRIEL

• Couteau chinois • planche à découper • 2 bols • fouet • wok • baguettes • écumoire • cuillère en bois • papier absorbant

Ananas : si l'on préfère un plat moins doux, remplacer l'ananas au sirop par de l'ananas au naturel. On peut naturellement utiliser l'ananas frais mais il faut le choisir bien mûr, avec une écorce franchement jaune, sans veines vertes.

INGRÉDIENTS

Pour 4 à 6 personnes
1 kg d'échine de porc
2 tranches d'ananas au sirop
1 poivron vert
1 poivron rouge
Maïzena pour fariner la viande
Pour la pâte à frire :
3 c. à soupe de Maïzena
3 c. à soupe de farine à la levure
1 c. à café de sel
1 œuf
Huile d'arachide pour la friture
Pour la sauce aigre-douce :
2 c. à soupe de sucre
3 c. à soupe de vinaigre
3 c. à soupe de concentré de tomate
3 c. à soupe de jus d'orange
1 1/2 c. à soupe de sauce soja
1 1/2 c. à soupe de Maïzena délayée dans 4 c. à soupe d'eau

À défaut : remplacer les 2 tranches d'ananas par 80 g de **pousses de bambou** coupées en tranches ou en dés.

QUANTITÉS

Personnes	8	10	12
Échine de porc	1,4 kg	1,8 kg	2,4 kg
Ananas	3 tranches	4 tranches	5 tranches
Poivron vert	1	2	2 gros
Poivron rouge	2	2	2 gros
Pour la pâte à frire :			
Maïzena	6 c. à soupe	7 1/2 c. à soupe	9 c. à soupe
Farine + levure	6 c. à soupe	7 1/2 c. à soupe	9 c. à soupe
Sel	2 c. à café	2 1/2 c. à café	3 c. à café
Œufs	2	2 gros	3
Pour la sauce aigre-douce :			
Sucre	3 c. à soupe	4 c. à soupe	5 c. à soupe
Vinaigre	4 1/2 c. à soupe	6 c. à soupe	7 1/2 c. à soupe
Tomate	4 1/2 c. à soupe	6 c. à soupe	7 1/2 c. à soupe
Jus d'orange	4 1/2 c. à soupe	6 c. à soupe	7 1/2 c. à soupe
Sauce soja	2 c. à soupe	3 c. à soupe	3 1/2 c. à soupe
Maïzena			
à délayer	2 c. à soupe	3 c. à soupe	3 c. à soupe
dans l'eau	4 c. à soupe	6-8 c. à soupe	6-8 c. à soupe

Vinaigre : la cuisine chinoise utilise un produit différent du nôtre, obtenu à partir du riz. Il existe en deux variétés : l'une transparente, incolore, et l'autre sombre, de la couleur de la sauce soja. On peut les remplacer par du vinaigre de vin blanc ou de cidre.

Couper l'ananas en dés. Couper en 2 les poivrons, jeter la queue, les graines et le blanc intérieur, couper en lanières puis en carrés.
Dégraisser entièrement la viande, couper en tranches de 2 cm puis en cubes. Fariner avec 1/2 c. à soupe de Maïzena.

Mélanger dans un bol les ingrédients de la pâte à frire : Maïzena, farine, sel et œuf. Si le résultat est trop dense, ajouter une c. à soupe de blanc d'œuf (d'un autre. œuf). Battre la pâte au fouet jusqu'à ce qu'elle soit lisse et sans grumeaux.
Faire chauffer l'huile — environ 4 dl — dans le wok. Pendant ce temps, verser la pâte sur la viande en retournant avec les baguettes pour que les cubes soient bien enrobés de toutes parts.

Plonger la viande dans l'huile bouillante et faire frire 3-4 minutes. Faire cuire une dizaine de morceaux à la fois pour ne pas trop abaisser la température de l'huile.

Égoutter la viande au fur et à mesure qu'elle est cuite sur du papier absorbant pour éliminer l'huile en excès.

Mélanger dans un saladier tous les ingrédients de la sauce, sucre, vinaigre, concentré de tomate, jus d'orange, sauce soja et Maïzena délayée dans 4 c. à soupe d'eau froide.

Jeter l'huile de friture. Nettoyer le wok avec du papier absorbant, faire chauffer 2 c. à soupe d'huile. Frire les poivrons et l'ananas — ou le bambou — 1 à 2 minutes en remuant constamment avec la cuillère en bois.

Verser la sauce sur les poivrons, faire cuire le tout 3 minutes en mélangeant pour que la sauce devienne épaisse et brillante. Ajouter le porc, mélanger encore 1 minute et éloigner du feu.

PRÉSENTATION

Servir le porc dans un plat rond ou ovale préalablement chauffé. Accompagner de riz blanc nature ou de riz sauté, voire cantonais si le repas est composé de plusieurs plats.

QUELQUES VARIANTES

PORC SAUTÉ AUX PIMENTS DOUX

Pour 4 personnes

Couper 450 g de porc maigre en petits cubes d'1 cm de côté et faire mariner avec 1 c. à soupe de sauce soja légère, 1 de vin de riz, 2 d'huile de sésame et 1 pincée de sel. Éplucher, laver et couper en tranches 250 g de piments verts doux. Sauter la viande 1 minute dans le wok dans 2 c. à soupe d'huile d'arachide, égoutter et réserver. Mettre dans le wok 1 c. à soupe d'huile d'arachide, 3 d'ail haché, les piments, 1 c. à café de poivre du Sichuan, 1 de piment en poudre et faire revenir 30 secondes. Rajouter 3 c. à soupe d'eau, 1 de vin de riz, 1 de sauce soja légère et 2 c. à café de sucre. Remuer 30 secondes. Chauffer 1 minute avec la viande. Servir avec du riz blanc ou des crêpes aux oignons nouveaux.

PORC AUX AUBERGINES

Pour 4 personnes

Couper en tranches épaisses 2 grosses aubergines et en lanières 400 g d'échine de porc. Frire dans le wok avec 2 tasses d'huile les aubergines en deux ou trois fois. Quand elles sont dorées, les égoutter avec du papier absorbant. Garder 3 c. à soupe d'huile qu'on fait réchauffer. Ajouter le porc et un hachis de 2 c. à soupe d'ail, 2 de gingembre frais et 1 d'oignon nouveau. Faire revenir 30 secondes en remuant. Faire cuire pendant 2 minutes 2 c. à soupe de sauce soja noire, 3 de vin de riz ou de xérès, 3 de vinaigre de riz sombre, 1 de sucre de canne, 1 de poivre chinois moulu, 2 c. à soupe de sauce chili en poudre. Mouiller avec 1,2 dl de bouillon de légumes ou de poule et faire cuire 3 minutes. Ajouter les aubergines, chauffer 2 minutes. Servir avec du riz blanc.

PORC AUX POIREAUX AUX GERMES DE SOJA

Pour 4 personnes

Couper en lanières minces 400 g d'échine de porc et laisser mariner avec 2 c. à soupe de sauce soja légère, 1 de vin de riz et 1 c. à café de Maïzena. Pendant ce temps blanchir à l'eau bouillante 300 g de germes de soja et les égoutter. Couper finement 2 petits oignons, couper en allumettes 4 tranches de gingembre et 1 poireau en 2 dans le sens de la longueur, puis en morceaux de 3-4 cm. Faire blondir dans le wok, avec 3 c. à soupe d'huile, l'oignon et le gingembre, ajouter ensuite la viande et faire revenir 3 minutes. Retirer et réserver. Ajouter 1 c. à soupe d'huile dans le wok, faire sauter les poireaux et les germes de soja 2 minutes, rajouter la viande, réchauffer avec les légumes 2 minutes et rectifier l'assaisonnement.

FONDUE MONGOLE

Cette fondue est le plat chinois convivial par excellence : famille et invités se réunissent autour de la marmite de cuivre munie d'un réchaud et, à l'aide des baguettes, plongent quelques secondes les aliments crus dans l'eau chaude, puis les trempent dans les sauces d'accompagnement. Plus riche est l'assortiment d'aliments à cuire, plus savoureux sera le bouillon qui sera versé à la fin du repas dans le bol de chaque convive. Ce plat fut introduit à Pékin vers 1600 et semble originaire de Mongolie.

Nouilles aux œufs
On peut les remplacer par des tagliatelles ordinaires en sachet.

INGRÉDIENTS

4 à 6 personnes
1,5 kg de carré d'agneau
3 oignons nouveaux
1 petit chou chinois
450 g de nouilles aux œufs
100 g de vermicelle de soja
2 l d'eau ou de bouillon léger
4 tranches de gingembre frais
1 1/2 c. à café de sel
1 œuf frais par convive
Sauce n° 1
10 c. à soupe de sauce soja légère
2 c. à soupe d'oignon nouveau finement haché
1 c. à soupe d'ail finement haché
1 c. à soupe d'huile d'arachide
Sauce n° 2
8 c. à soupe de vinaigre de riz clair
2 c. à soupe de gingembre finement haché
Sauce n° 3
6 c. à soupe de pâte de sésame ou téhina
2 c. à soupe d'huile de sésame
2 c. à soupe d'eau
1 c. à soupe de sauce soja claire
1 c. à soupe de sauce chili

Carré d'agneau : demander au boucher un carré dont le filet fasse au moins 4 ou 5 cm de diamètre. L'agneau de lait ne convient pas pour cette préparation.

À défaut : tous les types de viande sont utilisables pour la confection du bouillon. On peut également cuisiner des tranches de poisson comme la **lotte, le bar, le saumon frais, la truite**, ou même les **crustacés** décortiqués et prêts à cuire. Au chou chinois peuvent être substitués des **épinards,** de la **salade, du chou vert** ou des **haricots mange-tout.** Chaque variante doit même être considérée comme un progrès !

Vermicelles de soja : très minces et transparents, ils sont vendus en paquets dans les épiceries asiatiques. On en trouve en petits fagots individuels ou plus gros, de 200 g environ.

MATÉRIEL

• Couteau à désosser • couteau chinois à large lame • paniers à vapeur • planche à découper • 2 casseroles • plateau • 3 bols • baguettes de bambou • marmite mongole

PRÉPARATION

Pour désosser l'**agneau** : détacher le filet des côtes et des vertèbres, avec un couteau bien aiguisé, en suivant le contour des os. On peut aussi, tout simplement, demander au boucher des noisettes d'agneau. Envelopper le filet dans du papier d'aluminium et le garder au congélateur 30 minutes au moins avant de le couper en s'assurant, naturellement, qu'il ne s'agit pas de viande déjà décongelée.

Couper la viande en tranches le plus finement possible en utilisant le couteau chinois à lame large.

Couper en 6 le chou chinois dans le sens de la longueur. Diviser chaque tronçon en 4 morceaux et les cuire à la vapeur 2 minutes dans le panier chinois en bambou. Réserver.

Éplucher les oignons nouveaux et les couper en bâtonnets transversaux de 4 cm.

Cuire à l'eau bouillante les nouilles et le vermicelle dans deux marmites différentes pendant 3 minutes. Égoutter, refroidir à l'eau courante et transférer dans deux récipients.

Sauce n° 1

Les trois **sauces** seront préparées d'avance selon les indications qui suivent.

Amalgamer dans un bol la sauce soja légère, l'oignon et l'ail hachés avec l'huile d'arachide. Dans un autre bol, mélanger le vinaigre de riz clair avec le gingembre finement haché et dans un troisième la pâte de sésame, l'huile de sésame, l'eau, la sauce soja claire et la sauce chili. Ces trois bols seront ensuite placés sur la table à la disposition des convives.

Dans chaque bol, un par convive, battre un œuf avec les baguettes et porter à table.

Préparer la viande, le chou et la moitié des oignons dans un grand saladier ou disposer un assortiment des ingrédients dans chaque assiette personnelle.

Porter à ébullition l'eau ou le bouillon, verser dans la marmite mongole déjà allumée. Ajouter les tranches de gingembre et la moitié des oignons. Attendre une minute avant de commencer.

Chacun est libre d'enrichir l'assortiment d'ingrédients en s'inspirant des variantes proposées.

Sauce n° 2

Sauce n° 3

PRÉSENTATION

Placer au centre de la table la marmite mongole allumée et remplie de liquide bouillant. Placer tout autour le plateau contenant les ingrédients, les bols de sauce, les bols de nouilles et devant chaque convive une assiette et le bol avec l'œuf. Chacun commencera par plonger dans le bouillon les tranches d'agneau en les tenant avec les baguettes. Après 1 à 2 minutes de cuisson, on passe la viande dans l'œuf battu puis dans la sauce de son choix.
Après avoir mangé un peu de viande, on plonge dans le liquide les morceaux de chou ou les nouilles en laissant ces dernières quelques minutes dans le bouillon. On peut ajouter au cours du dîner un supplément d'eau ou de bouillon chaud au fur et à mesure de l'évaporation. À la fin, la soupe sera versée dans les bols individuels.

QUELQUES VARIANTES

BOULETTES DE PORC

Pour 4 personnes

Mélanger 400 g de porc haché avec 1 œuf battu, 2 c. à soupe de poireau haché, 1/2 c. à café de sel, 1 pincée de poivre, 2 c. à soupe de Maïzena. Préparer avec les 3/4 de ce mélange des boulettes grosses comme de petites noix et les plonger dans l'huile bouillante. Éteindre aussitôt sous le wok, laisser 3 minutes, puis rallumer le feu et poursuivre la cuisson jusqu'à ce que les boulettes aient pris couleur. Les plonger dans le bouillon de la marmite mongole pour qu'elle se réchauffent et parfument le bouillon. Chaque convive s'en servira à volonté avec la sauce de son choix. Avec les restes de cette recette préparer la suivante.

ROULEAUX DE FARCE ET ŒUFS

Pour 4 personnes

Préparer une omelette mince avec 1 œuf, 1 pincée de sel et 1 de poivre. L'omelette étant sur la plan de travail, y placer en une couche homogène la farce de viande restante et rouler le tout. Entourer d'une feuille de papier spécial de cuisine ou d'aluminium et faire cuire ce rouleau à la vapeur pendant 8 minutes. Laisser tiédir, couper le rouleau en tranches d'1 cm que l'on plongera dans le bouillon de la marmite.

FONDUE MONGOLE AU POISSON

Pour 4 personnes

Couper en losanges 300 g de filet de bar, de cabillaud ou autre poisson à chair blanche et ferme. Couper en 4 à 6 morceaux 2 seiches ou calmars nettoyés et inciser la chair, sans aller jusqu'au fond, de traits de couteau croisés. Jeter dans l'eau bouillante salée 1 minute, égoutter et placer sur le plat avec le poisson. Laver 2 ou 3 crevettes fraîches par personne. Inciser le dos avec un couteau sans les décortiquer et enlever le boyau noir. Placer les poissons sur le plat de service, ajouter les tranches de poireau et des bouquets d'épinard frais. Servir la fondue de poisson avec les sauces indiquées dans la recette principale.

LÉGUMES SAUTÉS

Un plat de légumes peut aussi bien constituer la garniture du plat principal d'un repas simple qu'un des multiples accompagnements savoureux et coloré, d'un chinois. Les légumes communément employés ne sont pas très différents des nôtres, à quelques détails près comme les champignons parfumés. Les asperges, principal ingrédient de cette recette, ont été introduites récemment dans la cuisine chinoise et peuvent être considérées comme une contribution occidentale à la grande tradition de la gastronomie orientale.

Huile de sésame : c'est une huile sombre, dense et parfumée. Elle est ajoutée en petite quantité en fin de cuisson et confère aux plats un arôme intense. Elle s'achète dans les épiceries asiatiques.

INGRÉDIENTS

Pour 4 personnes

4 champignons parfumés
2 petites carottes
1/2 poivron rouge
1/2 poivron vert
1 poireau
6 à 7 asperges
50 g de haricots verts
2 oignons nouveaux
50 g de germes de soja
1 gousse d'ail
3 c. à soupe d'huile d'arachide
1 c. à soupe de sauce soja
1 c. à soupe d'huile de sésame
1 c. à soupe de vin de riz
sel

MATÉRIEL

• Bol • petit couteau • couteau chinois à lame large • planche à découper • passoire • cuillère en bois • wok • casserole

À défaut : on peut remplacer les asperges par de jeunes **courgettes.** Couper en bâtonnets et cuire comme indiqué pour les asperges. Fendre les fleurs, les éplucher et tailler la corolle en lanières qui seront ajoutées en fin de cuisson.

QUANTITÉS

Personnes	6	8	10	12
Champignons parfumés	6	8	10	12
Carottes	2 grosses	4 petites	4 grosses	6 petites
Poivrons rouges	1/2	1	1 1/2	1 1/2
Poivrons verts	1/2	1	1 1/2	1 1/2
Poireau	1 gros	2	2 gros	3
Asperges	10	12	15	18-20
Haricots verts	75 g	100 g	125 g	150 g
Gousses d'ail	1	2	2	3
Huile d'arachide	5 c. à soupe	6 c. à soupe	7 c. à soupe	9 c. à soupe
Sauce soja	1 1/2 c. à soupe	2 c. à soupe	2 1/2 c. à soupe	3 c. à soupe
Huile de sésame	1 1/2 c. à soupe	2 c. à soupe	2 1/2 c. à soupe	3 c. à soupe
Vin de riz	1 1/2 c. à soupe	2 c. à soupe	2 1/2 c. à soupe	3 c. à soupe

Mettre à tremper les champignons dans l'eau tiède pendant environ 30 minutes, égoutter, ôter les pieds fibreux et couper en lanières.

Éplucher et laver tous les légumes. Couper en bâtonnets les carottes, éplucher les asperges, ôter l'extrémité dure. Si elles sont vraiment grosses, les couper en 4 dans le sens de la longueur puis en morceaux de 5 à 6 cm. Couper le poireau en tronçons de 6 cm puis en allumettes, ainsi que les poivrons et les oignons. Éplucher les haricots verts. Blanchir à l'eau bouillante salée pendant 2 minutes les carottes et les haricots puis les égoutter.

Blanchir à l'eau bouillante les germes de soja frais. Éplucher et écraser la gousse d'ail. Chauffer 3 c. à soupe d'huile dans le wok et faire revenir l'ail à feu moyen 2 minutes avec le poireau et les oignons. Ajouter les autres légumes, augmenter le feu et faire sauter 4 minutes en remuant.

Mélanger dans un petit bol la sauce soja avec 1 c. à café de sel, le vin et l'huile de sésame. Verser sur les légumes et mélanger 1 minute. Servir.

LE THÉ

En Chine, le thé ne se boit pas selon un rite rigide et codifié comme au Japon mais dans une atmosphère dépourvue de formalités et sans cérémonie.
Le thé est servi aux hôtes comme breuvage de bienvenue, à la fin du repas pour faciliter la digestion, mais aussi à n'importe quel moment. À la campagne notamment, les Chinois consacrent habituellement plusieurs heures de la journée aux maisons de thé, emportant avec eux leur cage à canaris, comme nous emmenons nos chiens faire une promenade au parc. Les cages sont suspendues aux crochets, prévus à cet effet, du plafond de la salle ou de la véranda, ils s'asseyent pour bavarder en dégustant thé et dim sum.
On accorde autant d'importance à la qualité du thé qu'à celle de l'eau, qui doit provenir d'une source pure, de préférence montagneuse.
Au premier frémissement, l'eau est versée sur les feuilles placées dans une théière émaillée ou en céramique, mais jamais en argent ou en métal. On laisse infuser 3 minutes, puis on verse dans les tasses, traditionnellement petites et sans anse, sans utiliser de passette.
On peut également mettre les feuilles directement dans la tasse qui alors doit être munie d'un couvercle pour garder la chaleur pendant l'infusion. Le thé chinois se boit sans lait, sans citron et sans sucre.

Les thés de Chine les plus connus en Occident sont :

Le BEENG CHA : il s'agit d'un thé pulvérisé pressé en gros pains que l'on brise au moment de l'utilisation. On le cultive dans le Yunnan et on le boit dans le Sud de la Chine, surtout à Canton.

Le THÉ VERT : le plus répandu en Chine, il s'obtient en roulant les feuilles de thé sans les faire fermenter, contrairement au thé noir. L'un des thés verts les plus estimés est le célèbre LUNG CHING ou « puits du dragon ». Il se boit à toute heure du jour et se présente comme une infusion pâle au goût délicat.

Le PU ERH ou THÉ NOIR : très fort, ce thé est typique du Sud de la Chine. Il est non seulement consommé comme breuvage mais aussi considéré comme remède aidant la digestion et abaissant le taux de cholestérol.

Le THÉ OOLONG ou semi-fermenté : également très connu en Occident,il est surtout bu en Chine dans les régions du Sud-Est.

Le THÉ AU JASMIN : c'est le plus apprécié des thés aromatisés. On le sert couramment dans les restaurants chinois en Occident. En Chine, on le boit surtout dans la région de Pékin.

PRÉSENTATION

Placer les légumes sur un plat de service chauffé et servir avec du riz blanc. Accompagner d'un plat de nouilles ou de vermicelle pour un repas léger. Dans un menu plus complexe, on servira les légumes sautés avec un plat de viande et un autre de poisson.

QUELQUES VARIANTES

AUBERGINES BRAISÉES

Pour 4 personnes

Couper 2 aubergines longues et étroites en morceaux de 6 cm puis en lamelles. Faire frire dans l'huile et égoutter quand elles sont cuites. Chauffer dans le wok 2 c. à soupe d'huile, 1 d'ail haché, 1 d'oignon nouveau haché, 1 de gingembre frais râpé, 1 de pâte de soja. Mélanger, ajouter 2 pincées de sel, 1 c. à café de sucre, 1 c. à soupe de vinaigre, 1 de sauce soja claire, un peu de poivre rose du Sichuan, et 1/2 verre de bouillon. Ajouter les aubergines et laisser cuire 5 minutes. Lier la sauce avec 1 c. à soupe de Maïzena délayée dans 2 d'eau. Dès que la sauce commence à épaissir, retirer du feu. Servir avec du riz blanc.

BROCOLIS À LA SAUCE D'HUÎTRES

Pour 4 personnes

Diviser en bouquets 500 g de brocolis, laver et sécher. Faire sauter dans le wok avec 2 c. à soupe d'huile pendant 1 minute, ajouter 2 c. à soupe de sauce d'huîtres (vendue toute prête dans les épiceries chinoises). Laisser cuire 1 minute. Ajouter 3 c. à soupe de chair de crabe en conserve au naturel ou la même quantité de crevettes crues hachées. Mouiller avec 2 c. à soupe de xérès et 3 de bouillon. Lier la sauce avec 2 c. à café de Maïzena délayée dans 2 c. à soupe d'eau, laisser épaissir la sauce, saler, poivrer. Servir avec du riz blanc. Le légume doit rester craquant.

LÉGUMES À L'ÉTOUFFÉE LUO'HAN

Pour 4 personnes

Éplucher et émincer 50 g de carottes, de petits brocolis, de champignons de Paris, de pommes de terre, d'oignons nouveaux, de pousses de bambou et 2 c. à soupe de champignons noirs (trempés 15 minutes dans de l'eau tiède). Faire sauter 3 minutes dans le wok avec 3 c. à soupe d'huile. Ajouter 2 verres d'eau mélangés à 1 c. à soupe de vin de riz, 2 de soja, 1 c. à café de sel, 1 c. à soupe de sucre. Couvrir et laisser cuire 30 minutes à feu doux. Lier la sauce avec 1 c. à soupe de Maïzena délayée dans 2 c. à soupe d'eau. Quand la sauce est épaissie, servir les légumes arrosés d'huile de sésame.

DÉLICES DES BOUDDHISTES

Les Chinois ont une prédilection pour les plats à base de légumes et d'algues. Nombreuses sont les familles qui ne mangent de la viande que deux ou trois fois par mois, et presque tous les plats accordent une large place aux légumes. Selon la tradition, ce plat de légumes variés se consomme le jour de l'an, afin de purifier le corps.

Feuilles de tofu séchées : la prononciation chinoise de ce mot est « fou-zou ». On les prépare avec du tofu frais, le fromage de soja, que l'on travaille jusqu'à le réduire en feuilles minces. Celles-ci sont enroulées en longs rubans et mises à sécher. Il faut toujours faire tremper les feuilles séchées 30 minutes dans l'eau avant de les couper en morceaux et de les cuire à la poêle dans de l'huile ou du bouillon pour préparer des soupes.

INGRÉDIENTS

Pour 4 personnes
30 g d'algues sèches fines
6 champignons parfumés
150 g de schinois
50 g de feuilles de tofu séchées (fou-zou)
12 châtaignes d'eau
70 g de pousses de bambou
3 c. à soupe de pignons de pin
3 dl de bouillon de légumes
1 1/2 c. à soupe de sauce soja claire
1 c. à café d'huile de sésame
1 c. à soupe de Maïzena diluée dans 3 c. à soupe d'eau
2 c. à soupe d'huile d'arachide
Huile à friture
sel

QUANTITÉS

Personnes	**6**	**8**	**10**	**12**
Algues sèches	35 g	40 g	45 g	50 g
Champignons parfumés	8	10	12	14
Chou chinois	250 g	300 g	400 g	450 g
Feuilles de tofu	80 g	100 g	120	150 g
Châtaignes d'eau	18	24	30	36
Pousses de bambou	100 g	140 g	180 g	200 g
Pignons	4 1/2 c. à soupe	6 c. à soupe	7 1/2 c. à soupe	9 c. à soupe
Bouillon de légumes	5 dl	6 dl	8 dl	9 dl
Sauce soja claire	2 c. à soupe	3 c. à soupe	5 c. à soupe	6 c. à soupe
Huile de sésame	1 c. à soupe	3 c. à café	4 c. à café	4 1/2 c. à café
Maïzena à délayer	1 1/2 c. à soupe	2 c. à soupe	2 1/2 c. à soupe	3 c. à soupe
dans l'eau :	4 c. à soupe	4-5 c. à soupe	5 c. à soupe	6-7 c. à soupe
Huile d'arachide	3 c. à soupe	4 c. à soupe	5 c. à soupe	6 c. à soupe

Châtaignes d'eau : très appréciées en Chine pour leur consistance croquante et leur saveur douce, ce sont les tubercules d'une plante aquatique, dont les feuilles flottent à la surface de l'eau. Les fruits frais sont enveloppés d'une bogue brune mais on ne les trouve en Occident que décortiqués et en conserve. Une fois la boîte ouverte, conserver les châtaignes qui restent dans l'eau que l'on changera tous les jours.

À défaut : si l'on ne peut trouver des feuilles de tofu séchées, les remplacer par 150 g de **tofu** frais, généralement appelé « fromage de soja ». On le prépare en faisant cailler le liquide que forment les graines de soja ramollies dans l'eau et réduites en crème. Après adjonction de présure, le produit est pressé et essoré, coupé en pains et conservé dans l'eau.

MATÉRIEL

• Bol • couteau aiguisé • planche à découper • wok • surface de travail en bois • rouleau

Mettre à tremper les algues dans l'eau tiède 15 minutes, égoutter et sécher sur un linge.

Faire tremper les champignons secs dans l'eau chaude pendant 30 minutes. Égoutter, essorer légèrement avec les mains, ôter les pieds ligneux et couper les chapeaux en quartiers.

Laver et sécher les feuilles de chou, les empiler l'une sur l'autre, les couper en bandes de 5 cm environ puis les recouper en morceaux de 7 à 8 cm.

Pocher les feuilles de tofu 30 minutes dans l'eau bouillante, égoutter, sécher sur du papier absorbant, couper en morceaux de 8 cm environ. Faire revenir dans le wok 2 minutes avec une tasse d'huile d'arachide bouillante. Égoutter de nouveau sur le papier absorbant.

Égoutter les châtaignes d'eau, les rincer à l'eau, les sécher et couper chacune en 6.

Égoutter, rincer et sécher les pousses de bambou et les couper en morceaux de même taille que les châtaignes.

Mettre dans le wok les algues, les champignons, le chou, le tofu, les châtaignes d'eau, les pousses de bambou et les pignons. Ajouter le bouillon mélangé à la sauce soja, l'huile et 2 pincées de sel.

Porter à ébullition le liquide dans le wok et laisser cuire doucement 5 minutes. Ajouter l'huile de sésame et la Maïzena délayée. Poursuivre la cuisson 2 minutes à feu doux.

QUELQUES VARIANTES

CHOU AUX VERMICELLES DE SOJA

Pour 4 personnes

Mettre à tremper dans l'eau tiède 50 g de vermicelle de soja. Couper un chou chinois en lanières de 5 cm, hacher finement 1 oignon nouveau et hacher 2 tranches de gingembre frais. Faire chauffer 2 c. à soupe d'huile dans le wok avec 1 gousse d'ail, ajouter l'oignon et le gingembre, puis, au bout d'1 minute, le chou. Cuire 3 minutes. Rajouter 3 tasses de bouillon de poule ou de légumes, 1 c. à soupe de sauce soja, 2 pincées de sel et cuire lentement 10 minutes. Egoutter le vermicelle de soja, y mélanger les légumes et cuire encore 10 minutes.

CHOU CHINOIS PIQUANT MARINÉ

Pour 4 personnes

Couper en lanières de 5 cm un chou chinois après en avoir enlevé les parties dures. Broyer dans un mortier 3 petits piments forts frais, 2 piments séchés et 1 c. à soupe de poivre du Sichuan. Saupoudrer le tout sur le chou, ajouter 2 c. à café de sel, bien mélanger, couvrir et garder au réfrigérateur 2 jours. Au moment de servir, assaisonner le chou d'1 c. à soupe d'huile d'arachide et d'1/2 c. à café d'huile de sésame. Servir avec du riz « gruel », c'est à dire extrêmement cuit.

SALADE DE CHOU CHINOIS

Pour 4 personnes

Mettre à tremper 15 minutes dans l'eau chaude 2 c. à soupe de crevettes séchées. Couper en allumettes 2 tranches de gingembre frais et en lanières un chou chinois. Faire sauter dans 4 c. à soupe d'huile dans le wok les crevettes et le gingembre. Au bout de 15 secondes, ajouter le chou, le sel, le poivre et une tasse de bouillon de poule avec 1 c. à soupe de sauce soja. Faire cuire 10 minutes. Ajouter 1 c. à café d'huile de sésame. Servir avec du riz et de la viande.

PRÉSENTATION

Disposer dans un saladier et garnir éventuellement de vert d'oignon nouveau. Accompagner de riz blanc et de plats à base de viande.

LE VIN CHINOIS

Appelé également « vin jaune » pour sa couleur, le vin chinois est en réalité un distillat obtenu à partir de céréales, notamment du riz. On le boit à table mais on en fait un très large usage en cuisine.

Chaque région en Chine produit son propre vin dont certains sont renommés dans tout le pays, voire en Occident. Le plus célèbre provient de Shao Dhingh, dans le Si-kiang, lieu dont il tire son nom. C'est un vin liquoreux ne dépassant cependant pas 18°. Son goût particulier est dû à un mélange de riz glutineux et de riz ordinaire, de millet, d'eau locale et de ferments. Les meilleurs crus peuvent vieillir 40 ans, mais 10 années suffisent pour obtenir un vin de table de très bonne qualité. Les Chinois ont l'habitude de boire le vin chaud, ou plus exactement réchauffé au bain-marie, jusqu'à 70°, pour être versé ensuite dans un récipient à bec, semblable à une petite théière.

À table, il est servi dans de minuscules tasses de porcelaine parfois à peine plus grandes qu'un dé à coudre.

En l'absence de vin chinois, on peut accompagner les plats de vins occidentaux, blancs ou rosés, mais jamais rouges : les plus adaptés sont les vins fruités plutôt doux et moelleux.

Champagne et mousseux conviennent également, blancs ou rosés, demi-secs ou secs mais pas bruts.

POMMES AU CARAMEL

Les Chinois aiment les pâtisseries ; au marché, des éventaires entiers proposent toutes sortes de sucreries frites, de gâteaux de riz et autres gourmandises. Pourtant, rares sont les repas chinois qui s'achèvent par un dessert consistant. Au cours des longs repas de cérémonies, on intercale des plats sucrés pour rompre une succession de plats salés et créer un contraste de saveurs. Les restaurants chinois inscrivent cependant à leur menu des fruits caramélisés, originaires de la région de Pékin, qui combinent idéalement le fruit frais et la croûte douce et craquante du caramel.

Sucre chinois : semblable au sucre candi, c'est un produit non raffiné contenant une certaine proportion de mélasse. Il est vendu sous forme de gros cristaux bruns. Pour la cuisine, utiliser du sucre roux, voire du sucre en poudre raffiné.

Sésame : la cuisine chinoise l'emploie sous diverses formes, en huile, moulu ou en grains entiers. On trouve dans les épiceries asiatiques deux types de graines, blanches ou noires, de saveur semblable, mais les blanches sont plus décoratives et donc préférables pour cette recette. Le sésame est également vendu dans les herboristeries et les magasins d'alimentation biologique. On les ajoute aux pommes avant de les frire pour que la chaleur de l'huile exalte pleinement leur arôme.

INGRÉDIENTS

Pour 6 personnes
5 petites pommes golden delicious
2 c. à soupe de graines de sésame
Pour la pâte à frire :
100 g de farine
1,2 dl d'eau froide
1 œuf
75 cl d'huile d'arachide à friture
Pour le caramel :
230 g de sucre chinois ou brun
2 c. à soupe d'huile d'arachide

QUANTITÉS

Personnes	4	8	10	12
Pommes golden delicious	4	7	9	10
Graines de sésame	2 c. à soupe	3 c. à soupe	4 c. à soupe	5 c. à soupe
Farine	100 g	200 g	200 g	200 g
Eau froide	1,2 dl	2,5 dl	2,5 dl	2,5 dl
Œufs	1	2	2	2
Huile d'arachide à friture	75 cl	1 litre	1 1/2 litre	1 1/2 litre
Huile d'arachide pour le caramel	2 c. à soupe	3 c. à soupe	4 c. à soupe	4 c. à soupe
Sucre chinois ou brun	230 g	400 g	500 g	500 g

À défaut : les pommes peuvent être remplacées par des **bananes.** Prendre 4 bananes communes ou 8 petites bananes « roses », très parfumées, vendues dans les épiceries asiatiques ou chez certains primeurs.

MATÉRIEL

• Bol • fouet • couteau • presse-citron • wok • jatte écumoire • poêle en acier ou en cuivre • baguettes en bambou

Pommes : la golden delicious est douce et parfumée ; elle ne perd pas trop d'eau à la cuisson et permet ainsi de préparer à l'avance la première partie de la recette. Ceux qui préfèrent les pommes plus acidulées utiliseront des reinettes, délicieuses cuites.

Mélanger dans une jatte la farine tamisée avec l'œuf battu et l'eau froide et travailler la **pâte** au fouet pour éliminer les grumeaux.

Éplucher les **pommes**, les couper en 4 à 6 quartiers selon la taille, ôter les pépins et arroser d'un jus de citron pour qu'elles ne noircissent pas.

Mettre les pommes dans une terrine assez large, verser la pâte dessus et mélanger de façon à ce que toutes les tranches soient enduites. En même temps, faire chauffer l'huile de friture dans le wok.

Égoutter les tranches de pommes, les saupoudrer de graines de sésame et les jeter d'un coup dans l'huile bouillante. Ne pas mettre à cuire plus de 8 tranches à la fois pour ne pas trop baisser la température de l'huile.

Au fur et à mesure que les pommes prennent couleur, les égoutter sur du papier absorbant.

Dans un deuxième temps, préparer le **caramel.** Mieux vaut le faire quand les pommes sont encore chaudes, sinon préparer la première phase avant le repas et caraméliser les pommes juste avant de les servir.

Pour préparer le caramel, utiliser une poêle en acier ou en cuivre, qui assurent une bonne et homogène répartition de la chaleur (éviter tout récipient étamé ou émaillé).

Verser le sucre et l'huile dans la poêle, la chauffer à feu moyen et mélanger sans cesse jusqu'à ce que le sucre soit fondu et ait pris une belle couleur brune. Il faut environ 10 minutes.

Si l'on préfère l'eau à l'huile pour le caramel, verser le sucre dans la poêle, ajouter 2 c. à soupe d'eau et mettre sur le feu. Mélanger avec une cuillère jusqu'à ce que le sucre soit fondu, puis, en retirant la cuillère, laisser bouillir à feu moyen jusqu'à ce que le sirop prenne une teinte de caramel.

Garder au chaud le caramel en le laissant près de la cuisinière ou en plaçant la poêle sur une casserole d'eau bouillante.

Préparer à portée de main un bol plein glacée, un bol de graines de sésame et 2 paires de baguettes enduites d'huile à une extrémité.

Plonger dans le caramel 2 ou 3 morceaux de pomme à la fois, les retirer avec les baguettes, les saupoudrer immédiatement de graines de sésame et les plonger dans l'eau glacée.

Le caramel se solidifie en quelques secondes au contact du froid. Égoutter les tranches caramélisées, les détacher des baguettes en s'aidant de la seconde paire et passer à la suite.

PRÉSENTATION

Placer les pommes caramélisées l'une sur l'autre dans le plat de service et servir immédiatement bien chaud. Chaque convive se servira, avec ses propres baguettes, dans le plat posé au centre de la table.

QUELQUES VARIANTES

BANANES AU CARAMEL

Pour 4 personnes

Remplacer les pommes par 4 bananes coupées en gros morceaux, arroser de jus de citron pour éviter qu'elles ne noircissent. On peut aussi mélanger pommes et bananes : diviser alors les doses par deux. Les restaurants chinois, en Europe, servent aussi des ananas au caramel. Choisir un ananas bien mûr, parfumé, à l'écorce jaune. Couper chaque tranche en 6 et les sécher avec du papier absorbant. Procéder ensuite comme dans la recette de base.

GELÉE D'AMANDES

Pour 4 personnes

Piler 180 g d'amandes sans la peau et 100 g de riz long. Délayer cette poudre avec 6 dl d'eau ; ajouter 2 gouttes d'essence d'amande amère, 4 c. à soupe de sucre et 3 dl d'eau. Dans une casserole à fond épais, porter à ébullition en tournant, ajouter 3 feuilles de gélatine ramollies dans l'eau froide, 1,5 dl de lait et faire cuire encore 5 minutes. Verser dans un moule carré anti-adhésif badigeonné d'huile d'arachide et, une fois refroidi, mettre plusieurs heures au réfrigérateur. Servir la gelée coupée en dés et décorée d'amandes effilées.

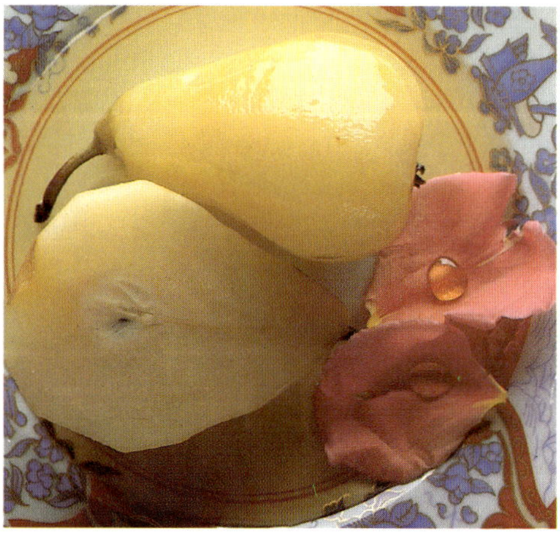

POIRES AU MIEL ET À LA LIQUEUR DE ROSE

Pour 4 personnes

Peler 6 poires mûres mais fermes — doyenné ou williams de préférence. Arroser de citron. Dans une casserole, saupoudrer les poires de 3 c. à soupe de sucre, couvrir d'eau et porter à ébullition. Laisser frémir 5 minutes. Laisser refroidir au réfrigérateur avec 1/4 du liquide de cuisson. Mélanger pendant ce temps 4 c. à soupe de miel liquide (acacia) avec 4 de liqueur chinoise à la rose et 1 c. à soupe de sucre, puis délayer avec 2 c. à soupe de liquide de cuisson. Égoutter les poires, les arroser avec le sirop au miel. Laisser au réfrigérateur 30 minutes avant de servir.

Remerciements

Les éditeurs remercient les entreprises suivantes qui ont aimablement mis à leur disposition le matériel nécessaire aux photographies : Lo Mei Hing, Milan ; B. Morone, Milan ; Enrica Negri, Milan ; Shed, Milan ; Surimono, Milan.